古典哲学与投资

主编 隋广义 唐伟元

华龄出版社

图书在版编目（CIP）数据

古典哲学与投资/隋广义，唐伟元主编. --北京:
华龄出版社，2022.10
ISBN 978-7-5169-2384-9

Ⅰ.①古...Ⅱ.①隋...②唐...Ⅲ.①股票市场-
研究-中国 Ⅳ.①F832.51

中国版本图书馆CIP数据核字（2022）第165554号

策划编辑	唐伟元	责任印制	李未圻
责任编辑	郑雍	装帧设计	张凡

书　　名	古典哲学与投资	作　者	隋广义　唐伟元
出　　版 发　　行	华龄出版社 HUALING PRESS		
社　　址	北京市东城区安定门外大街甲 57 号	邮　编	100011
发　　行	（010）58122255	传　真	（010）84049572
承　　印	深圳市顺帆达印刷有限公司		
版　　次	2022年10月第1版	印　次	2022年10月第1次印刷
规　　格	710mm×1000mm	开　本	1/16
印　　张	14	字　数	90千字
书　　号	ISBN 978-7-5169-2384-9		
定　　价	138.00元		

作者简介:

隋广义

是一位极具传奇经历与众不同的人物，他于1962年出生于东北一个普通农民家庭；20世纪80年代大学毕业后成为测绘工程师；后从商拥有资产千万的企业家；90年代成为政府公务员，做了当时最年轻的吉林省敦化市副市长；2000年代隐居四川峨眉山中，研究与修习以东方传统智慧与现代投资学相结合的课题，及资本博弈技术，获得大智慧。同时创立出："东方古典哲学禅易投资法"。2011年来到深圳，以自创的"东方古典哲学投资法"进行创业实践，获得了巨大成就。

唐伟元

毕业于北京大学心理学专业，金融专业高级经济师。1992年进入中国股市，2014年度和2015年度财经类十大畅销书《短线赢家》作者，师从国际十大技术分析大师戴诺•顾比先生，在国内公开出版《股王秘笈》《股玩城淘宝》《股市航海图》《不炒第四只股》（海天出版社）和《短线赢家》（人民邮电出版社）以及《波浪理论之四炷香战法》（电子工业出版社）《投融独角兽》等7部图书。

曾任职于国泰君安证券、招商证券。1996-2001从事6年机构专业的操盘手，20多年股票投资经验；1993-2000年曾任中国管理科学研究院客座研究员，擅用波浪理论、博弈心理学，对股市有着敏锐的判断。

深圳卫视、湖北卫视、腾讯网特约嘉宾，《股市动态分析》（周刊）专栏作者，在《南方都市报》《证券时报》等报纸发表过文章。

现任紫华智库研究院院长，深圳国际金融研究会高级顾问，中华禅道文化研究会研究员。

◆老子雕像（河南灵宝函谷关）

◆函谷关石刻《道德经》

◆老子羽化成仙之地（河南新乡）

◆2021年老子2588周年拜典

◆贵州阳明书院

◆贵州龙场阳明洞

◆理学鼻祖周敦颐

◆周敦颐故居

◆东方圣母禅宗六祖慧能母亲塑像（广东云浮）

前　言　投资的关键是对未来的判断

有的人的思维从原点（目前状态）到终点（需要达成的目标）只有一个路径，这是一维思维。比如：线性代数的因果关系就是一维思维。有的人就认为有一个因必有一个对应的结果。其实，现实生活中并不是所有的原因都能出现预期的结果，很多事情可以说是没有直接因果关系的，影响结果的原因可能是多方面。

有的人的思维是平面思维，从起点到终点有不同的路径，选择一条最优的路径即可，这就是二维思维，这就产生了灵活性。

我们大多数人生活的空间是三维空间，如果不考虑“时间”这个维度的话，人类能够感受到的都是三维空间。三维空间就是立体思维，我们要达成的目标是不是对的？是否还有其他目标可以达成？最终能否实现？这就增加了思维的灵活性。但是，我们的宇宙真的只有三维吗？

当然不是，在学习立体几何的时候，老师就告诉我们矩阵可以推广到 N 维，对应 N 维空间，所以，更高的维度是存在于我们的宇宙空间里的。不仅是数学，现今的物理学也明确指出，我们生活的宇宙是多维的。

如果是三维空间加上“时间”维度，那么我们的世界，不能往前一秒，但是，可以往后一刻。就如同至今也无法找到“暗物质”一样，宇宙预估总质量与人类所能观测到的物质的质量是不相符的，这些都是与“时间”有关的。

如果把“时间”也当成一个维度，加上空间三维，就是四维。

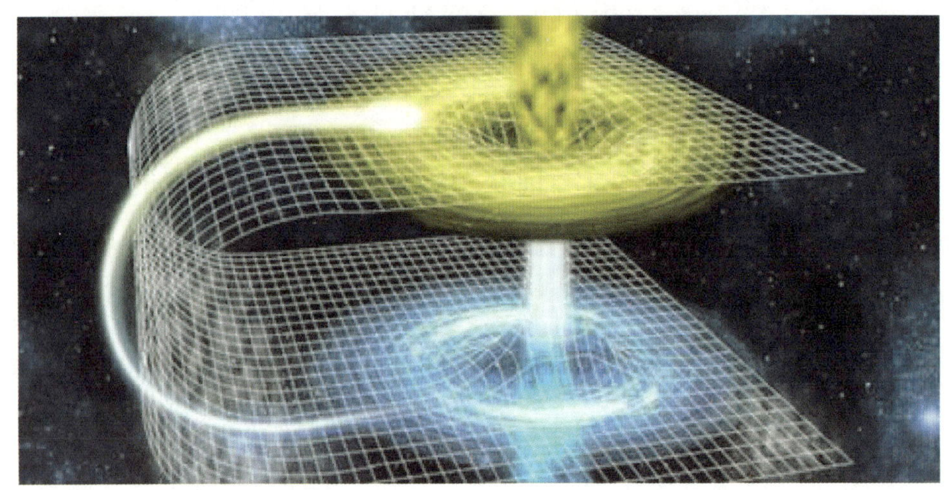

从三维到四维需要加入一个“时间”的维度，而这个“时间”的维度，不是过去时间，也不是现在时间，而是“未来时间”。一些人总是用过去的时间来判断事情或者投资，那么，这些人就是“感恩节上的火鸡”，始终活在自欺欺人的“归纳思维”当中。在投资市场中，我们看到很多人用过去的走势图来进行投资，最终会发现这样的人一定是亏钱的，这些人是用了“归纳思维”，用过去的时间来引导未来。一些人总是用现在的时间只做现在的事情，那么，这些人一生永远都是活在平凡当中，还美其名曰“活在当下”。这两种人都是生活在三维空间当中，但是，他们的思维未必就是三维思维，他们还可能活在一维思维或者二维思维当中。

什么是高人？那就是用未来的思维做当下事情的人，真正的高人一定会使用四维思维来生活和投资，他们一定会加入“未来时间”的维度来指导自己的生活和投资。这些高人一定是具有前瞻思维的人，他们能够观想到未来还没有发生的事情，也一定能够朝着这个未来一步步走去。

要想成为高人必须去学习和研究我们老祖宗的东方古典哲学智慧，因为从这些智慧中我们能够得到“时间的玫瑰”。

“时间的玫瑰”也符合“春种秋收”的原理，如果农民看不到秋天的收获，我相信农民朋友一定不会在春天去种地。

有的人说农民的“春种秋收”谁不知道啊？农民在春天种错了种子，那么秋天也是没有收获的。比如：在干旱的年份，你不种大豆，反而去种水稻，那么你就没有收获。

那么我们看看有多少企业家和投资人在“春种夏收”“夏种冬收”甚至是“冬种冬收”和“冬种春收”呢？

本书运用《道德经》《易经》《管子》《坛经》《止学》《王阳明心学》等东方古典哲学中的大智慧，阐述了古典哲学与投资方法，让更多的投资人能够在未来的投资市场上受益。

隋广义

2021 年 6 月 4 日

古典哲学与投资

目　录

第一章 投资理论体系

第一节 量子信息

第二节 《道德经》与量子关系

第三节 物质的起源

第四节 物质决定意识

第一章　投资体系理论

经济的三驾马车是出口、消费和投资，其中投资尤其重要，引导资金向何处去是投资理论必须研究的内容。

理论上讲，投资的目的是获得预期的不确定的收益。如果投资能够投入到产业上，那么投资获得预期的收益的确定性会提高。这是投资理论要研究的内容之一。

如何构建完整的投资体系呢？这是本章要分享的内容：

第一节 量子信息

当物体进入量子状态时候，意识就自然产生。那么，量子是什么呢?

量子之父

1900 年，德国物理学家马克斯·普朗克提出“量子”（quantum），经爱因斯坦、玻尔、德布罗意、海森堡、薛定谔、狄拉克、玻恩等科学家的完善，20 世纪初期，完整的量子力学理论初步建立。绝大多数物理学家将量子力学视为理解和描述自然的基本理论。

量子是现代物理的重要概念，即一个物理量如果存在最小的不可分割的基本单位，那么这个物理量是量子化的，并把最小单位称为量子。

量子一词来自拉丁语 quantus，意为“有多少”，代表“相当数量的某物质”。

普朗克发现量子理论的假设是黑体辐射中的辐射能量是不连续的，只能取能量基本单位的整数倍，从而很好地解释了黑体辐射的实验现象。

后来的研究表明，不但能量表现出这种不连续的分离化性质，其他物理量，如角动量、自旋、电荷等也都表现出这种不连续的量子化现象，这同以牛顿力学为代表的经典物理有根本的区别。

量子化现象主要表现在微观物理世界，目前能够描写微观物理世界的物理理论也只有量子力学了。[①]

量子科技

2020 年 10 月，科技部表示：在“十四五”，高新技术发展的规划布局上将按照加快形成新发展格局的战略要求，着力解决高质量发展需要与科技创新能力不足的矛盾。加强前瞻部署和大力发展以智能技术和量子技术为特征的新一代高新技术。

10 月 16 日，中共中央政治局就量子科技的研究和应用前景举行了第二十四次集体学习，量子科技站上风口。[②]

① 摘自《黑体辐射》河海大学，水力学及河流动力学，袁野，2020，9，29。

② 摘自《IT 之家》，问舟，2020，10，21。

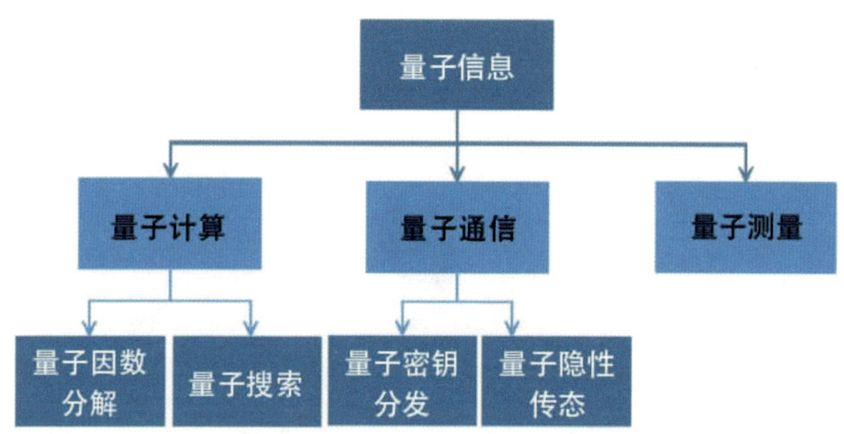

图 1-1 量子信息结构图

量子信息主要应用在量子计算、量子通信和量子测算三个方面，这三个方面共同组成了量子科技。

量子科技作为国家未来科技创新发展的核心技术，似乎与我们普通人相距甚远，其实不然，因为“量子”每一天都存在于我们的思维当中。

量子纠缠

可以说，每个人每天都会产生无数个念头，有的人依赖于念头创造了无数物质，而有的人念头不断烦恼重生。那么念头是什么？念头从何而来？

念头的产生不是无缘无故的，而是有缘起的，这要从量子纠缠说起。

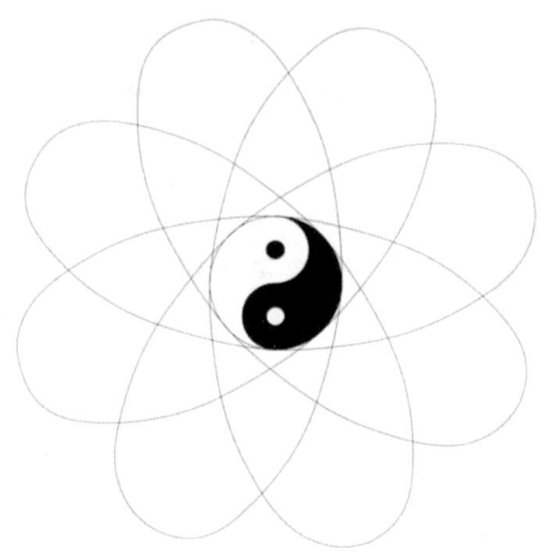

图 1－2 量子纠缠状况图

念头所产生的量子状态是叠加的，一旦量子的叠加状态坍塌后，量子的形态就是唯一的、具体的。而量子之间的纠缠，或者说量子之间的关联却是多种多样的，不是唯一的，也处于叠加状态。一旦选择了其中一种纠缠状态进行观察，这种纠缠的叠加状态也会坍塌到一种具体的、唯一的状态，比如两个量子的旋转方向同时发生改变。

从量子放大到所谓的微观世界，这种叠加状态和纠缠状态也是同样存在的，也是同理的。比如：一个人什么也不想、什么也不做的时候，他内心的念头就是处于叠加状态的。但是，当他在思考具体的事情时，念头的叠加态就坍塌了，坍塌到具体的一个事物上了，比如：思念一个人或者思考一个投资项目。

人与人之间的关系也是一种量子纠缠状态。人与人之间的纠缠状态也是叠加的，也就是说，人与人之间同时存在着若干纠缠关系。当念头产生时，念头的叠加状态坍塌下来了，与之相应的人与人之间念头纠缠的叠加状态也同时坍塌了下来。比如：“思念一个人”的念头出现时，思念的主体、被思念的受体之间，就是具体的量子纠缠关系。

三大基本定律

我们都知道物质不灭、能量守恒、信息永驻这三大基本定律。

这三者是什么关系呢？简单可以概括为：信息引动能量，能量催生物质，即信息可以作用到物质。

比如，当我们脑中有某种想法或者发明创造等念头的时候，我们会想着去实施。这个时候，我们调动的是我们自身的能量，直至想法得以实施或者发明被创造出来。

当我们的精力越集中的时候，调动的能量就越大，有时候并不是我们自身的能量，可能还有自然界的能量。比如，我们都知道陈景润在研究数学的时候，每天只睡 3 ~ 4 个小时，连续工作近 20 个小时，普通人是无法具有这么充沛的精力与这么大的能量的。正因为如此，他创造了奇迹。

这是因为他在研究数字的时候，精力是高度集中的，注意力是非常专注的，所以，吸引调动过来的能量也就是巨大的。这是信息作用于能量，进而改变物质的变化。

注意、想法等，这些都可以简单统括为量子信息。因为已经有科学家将意识、心念等活动与量子纠缠建立起联系，认为意识活动、心念活动就是量子活动。我们无法观察到意识、心念的活动，但是，它们却是真实存在的。

量子之间的纠缠是超越时空的，不受时间和距离的约束。

吸引力法则

有一个心理法则叫吸引力法则，即当某一个人的思想集中在某一领域的时候，跟这个领域相关的人、事、物就会被它吸引而来。

或者我们都遇到过这样的情况：我们越怕什么就越来什么。比如，有的人越是担心自己得癌症，过了一段时间，自己就真的得了癌症。再比如，父母总是担心自己的孩子外出的时候吃不好、睡不好、怕遇到坏人等，越是担心的这些事情最后往往都发生了。

图 1－3 吸引力秘笈图

相反，当我们对某件好事有预感的时候，那件好事真的会发生，真的会心想事成，并且好事连连。这就是量子的吸引力法则秘籍。

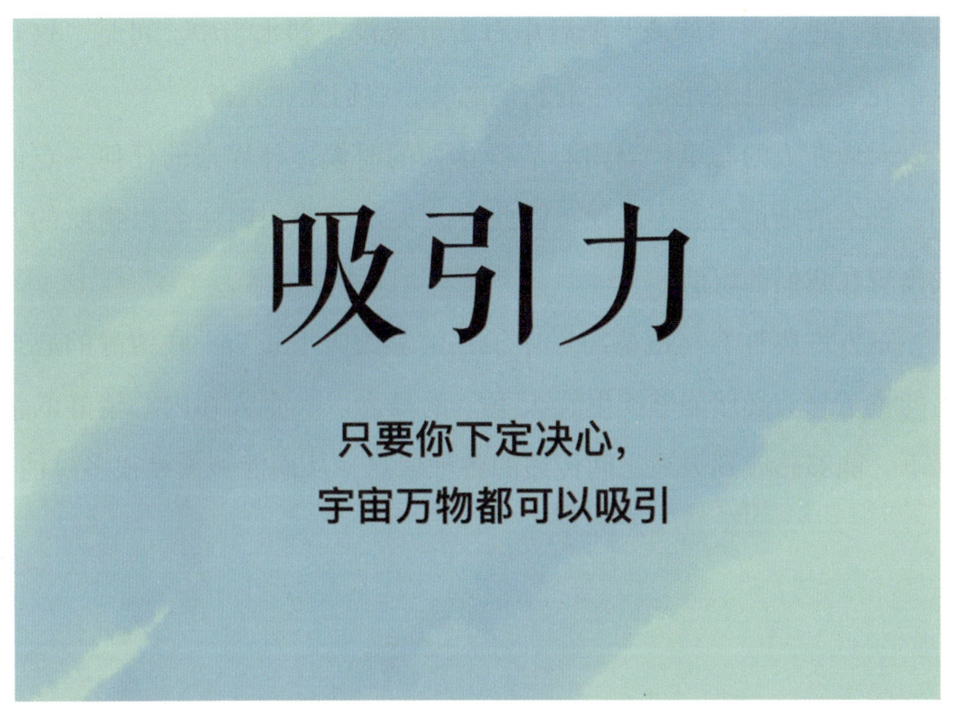

图 1－4 吸引力实践图

山雨欲来风满楼。阴雨天气到来前，有风湿病的人会提前感知到关节处疼痛，这也是量子的感应。在地震发生之前，鱼和老鼠等动物会提前逃离这个地方，这也是一种天地感应。

可以说量子纠缠无处不在，不仅仅存在于人世间，动物们也能因为听到次声波而发生量子纠缠。这些都是真实的天地感应。

一个生命个体到了一定的时间，机体根据自然规律会生发出相关的信息，这就是一种天地感应，量子纠缠给了有关系的人一种联系。

量子纠缠让我们认识到：世间一切物质都来源于我们念头的产生。在一个平静的湖面上，我们投进去一块小石头，激起了浪花，即便不起浪花，也会泛出涟漪。随后小石头就淹没在湖水当中。可是，这点点浪花或涟漪已经让我们生起新的念头，我们无比兴奋。

对应在人的心里：当内心清静自如的时候，外界来的任何一点波动，都会清晰地在心中展现。因此，念头量子的纠缠便会以物质的方式出现在我们的眼前。

东方古典哲学《道德经》中说：清静为天下正。一颗清静的心产生的量子念头必然能够产生“天下”的概念。一个人在内心清静的情况下，能够感应到天地之间传递的各种信息，从而能够预见很多事情。

第二节《道德经》与量子的关系

我们先来做一个小测验：

看看下面这张图片中是一位老太太还是妙龄少妇？

图 1－5 测验图

道的基本粒子

东方古典哲学《道德经》，代表着东方文明的伟大智慧，它博大而精深，蕴含着天地万物的普遍真理；它像一座灯塔，照亮了古往今来的人们；它是我们在探索宇宙人生的征途中，取之不尽、用之不竭的智慧源泉。

在《道德经》第六十七章里，老子有过这样的描述：“天下皆谓我“道”大，似不肖。夫唯大，故似不肖。若肖，久矣，其细也夫。”

老子这几句话的意思是说：天下人都知道，“道”是最大的一种存在状态，如果你要从宏观上去寻找“道”，你就会发现“道”大到了无限，正因为它大，所以才不像任何具体事务，所以你无法描述“道”，也就是“似不肖”。如果你要反方向从宏观一层一层向微观去解析“道”，你会发现“道”越来越小，小到无限，以至没有结构，“其小无内”，这个“无”就是“道”的另一种存在状态，“若肖，久矣，其细也夫”，离“道”最近的，就是那介于“有”与“无”之间最细微的存在，即“其细也夫”。

这个“其细也夫”，就是科学家已经发现“量子”的“基本粒子”，之所以称为“基本粒子”，是因为它小到不能再小，不可再分割，是一种最基本的存在，与量子的特征几乎完全一样，所以，现今的科学家发现的“量子”其实在两千多年前我们的老子已经有所描述了。

“基本粒子”介于“有”与“无”之间，所以它具有“虚”与“实”的两重性，这就是它的“虚实二相性”，古人将这种无形的存在称为“炁”。

虚实相互依存

这就像我们常常无法解释的梦境，都具备这种“虚实二相性”。似乎存在又似乎不存在，但是，它们是相互依存的，所以，这个地球人所在的世界，就是在虚与实之间不断再现。之所以能够得出如此结论，就是由创造这个世界的“道”的特征所决定的。

道以“炁”的状态，可以弥沦于天地之间，以“实”的状态，可周遍于万象之内。所以，这个至小而细微的“基本粒子”，就是大到无限的宇宙整体，因为小到无限，就能够大到无限。

当事物达到极致时，就会走向它的反面，这是道在事物之中的“微明”之机。故至小至朴的道，反而成为了宇宙万物的创造者和主宰者。

道的本质

《道德经》始终贯穿着相对论，在第四十章中，老子这样说道：“反者，道之动；弱者，道之用。天下万物生于有，有生于无。”

老子认为：这个虚极静笃的虚无妙道，在虚静之处，却孕育着它的反面——无限的生发之机。在至小、至柔、至弱处，却蕴藏着无穷的造化妙用。天下万物，莫不来源于这个至小至弱的有，至小至弱的有来源于阴阳之道。

道能将极端对立的两个方面，完美地融合为一个整体。它将是动与静相生、生与克相；能将最大与最小相容，将虚无与真实相成，将永恒与瞬间同时，将无为与无不为统一；它能同时存在于过去、现在和未来。

在老子的《道德经》当中，有与无、虚与实、美与恶、善与不善、对与错等四十多对可以说贯穿了相对概念的始终，但是，这些二元对立的矛盾对于很多人而言，却是困惑的。老子认为：这些人之所以困惑，是因为这些人只选择自己喜欢的一面，而排除了自己不喜欢的另一面，其实他们并不知排除了自己不喜欢的一面，自己喜欢的一面也不复存在了。这些人没有站在道的整体性和统一性的高度去看问题，也是远离了道的本质，只喜欢“好好色，恶恶臭”。

在《道德经》第二章中，老子这样说道：“天下皆知美之为美，斯恶已！皆知善之为善，斯不善已！故有无相生，难易相成，长短相形，高下相倾，音声相和，前后相随。是以圣人处无为之事，行不言之教。万物作焉而不辞，生而不有，为而不恃，功成而弗居。夫唯弗居，是以不去！”

在这一章中，老子以他朴素的辩证观，论证了事物的存在是以对立统一作为存在的前提这一哲学定义。他举例说：“美”是因为有“恶”的存在而显现，“善”的存在，是因为有“不善”的衬托而显露。当“有”出现时，“无”也就同时存在了。相反，没有“无”的存在，“有”也就失去了存在的前提。难与易、长与短、高与下、音与声、前与后都是如此。

依此类推，人有一个实有的肉体生命，也必有一个虚无的灵魂生命。有现实世界的存在，必有一个与现实世界相对立的虚无的世界存在。既然生命是有限的，也必然有它可以走向无限的一面存在；人既然有生老病死的顺化现象，也必然存在起死回生、返老还童的逆化现象。

“对立统一”是宇宙的法则，如果我们只看到了事物的一面，而否定另一面的存在，就会走向偏执和极端。但如果我们只看到了对立的存在，而忽略了对立之中的合理性、和谐性和统一性，就会陷入矛盾的纠结之中而无所适从，也就无法解决人生所面临的各种问题。

觉悟之道

圣人了解道的这些整体性和统一性，故而能从这种二元对立的矛盾中超越，对这个世界有一个比较全面正确的把握。不执着于美与丑、善与恶、对与错、是与非的区别，以无为的心顺应自然，去应对他所遇到的各种问题，所以也不会有困惑。做自己该做的事，修行自己，而不是去要求别人，不去做那些表面上、形式上的事情。圣人的智慧和成就，无形中就成为了众人的楷模和榜样，众生从他的行为中得到了某种启迪和教育；而他并不居功自傲，因为他能做到不居功自傲，所以他的功德就不会失去。这是圣人将宇宙的道化为自己的德，内化成了自己的内在修养所得到的成就。

在《道德经》第二十五章中，老子对道能无中生有的妙用，作了进一步的阐述：“有物混成，先天地生。寂兮寥兮，独立而不改，周行而不殆，可以为天地母。吾不知其名，字之曰“道”，强为之名曰“大”。大曰逝，逝曰远，远曰“返”。故道大，天大，地大，王亦大。域中有四大，而王居其一焉。人法地，地法天，天法道，道法自然。”

这一章是老子的宇宙起源论，也是“量子”概念最早的表述。老子认为：在宇宙还没有形成之前，先有一种蓄养的能量之德存在，能量的转化无中生有，形成了最基本的存在物——基本粒子。

这种“基本粒子”可将自己分为无量化身，弥漫于一切空间，从而形成一种宏观上的混沌之气，“有物混成”。

这种混沌之气，是宇宙最原始的一种真朴状态，它先于天地而存在，“先天地生”。

它没有征兆，没有上下左右，没有内外，没有方位，没有阴阳，没有分别，没有时间和空间，廖寂而虚无，“寂兮，廖兮”。

但在这“寂兮，廖兮”之中，却有一种守恒的强大力量在运动，而这种守恒的强大力量，不需要任何外在力量的参与，任何外在力量也无法改变它，“独立而不改”，而且它还在周而复始地运行，“周行而不殆”。

这种周而复始地运行，是由粒子所具备的特征来决定的，这种特征就是粒子的“虚实二相性”，即粒子可以在虚实之间实现瞬间的转化。

这就是科学家所观察到粒子的幻生幻灭现象，这种幻生幻灭现象，其实就是粒子本身“虚实二相性”中所体现的有与无的统一。

“基本粒子”最接近于道，故而具备了大道不生不灭、永恒存在的基本特征，这就是物理学上“物质不灭”的物质能量守恒定律。“有”是它的一种存在状态，“无”也是它的一种存在状态，这就好像是一枚硬币的正反面。它就在这种虚实叠加的转换中体现着周流不息的“周行”和生生不息的“不殆”。

这个周流不息、永恒存在的“基本粒子”，就是天地万物产生的本源，“可以为天地母”。

这个“可以为天地母”的本源，也是人的生命本源，这正是人的生命可以走向永恒的依据，也是老子在《道德经》第五十九章中所说的：……是谓深根固柢，长生久视之道。

这种“长生久视”理念的提出，激励着一代又一代人终其一生去努力探索，也因此成就了一代又一代的高道之人。

路漫漫其修远兮，吾将上下而求索。

四种基本粒子

道家最早的太极图，即两个阴阳鱼的太极图已经把道家阴阳互化的道理诠释得清清楚楚了。

图1-6 阴阳太极图

我们如果把二十四节气与太极图放在一起，能更加清晰地阐述这个道理，我们在后面的第三章第一节会和大家分析这张图。

现代物理学家发现，组成宇宙的最基本的要素就是阴阳，这与道家阴阳双鱼图完全一致。这也是德国科学家莱布尼茨发明电脑使用的二进制。从阴阳进而演化成为四种基本要素就是四种最基本的粒子：磁子、电子、热子和光子。而且每一个基本粒子都有它的四种特征，这就是“虚实二相性”和“波粒二相性”。

可见，我们中国的老祖先在自己的修身体验中，通过反观内照，早就发现和感悟到了构成宇宙和生命本体的这四种最基本的要素。这四种最基本的要素包括四种最基本的力，即引力、电磁力、弱力和强力。

“基本粒子”是有质量的，质量携带有能量和信息，能量就是量子，是人类目前发现的最小能量单位。而粒子的能量是可以互相转换的，信息就是粒子所携带的遗传密码，这个遗传密码就是虚无的本体。

所以，这四种基本粒子，磁子、电子、热子和光子，它们产生于同一个本源——道。

至此，我们就可以理解，粒子与粒子之间之所以能够以量子的形态纠缠在一起，是因为它们所携带的遗传密码是同一个虚无的本体——道的特征。道就是粒子与粒子之间实现量子纠缠的黏合剂。

道正是通过这种形式，将个体与个体及个体与整体之间，连接、纠缠并融会贯通 ，从而形成为一个统一的宇宙整体。

粒子不能任意产生，道会按照整体的需要设计和创造不同的粒子，并将这种创造的智慧和能力赋予粒子。粒子也就成为一个个具有鲜活生命力和创造能力的小精灵，在自然之道的整体运化下，基本粒子的这种创造能力就成为创建物质世界的基本元素，创造并成就了我们这个千姿百态、奇妙无比的大千世界。

图 1 -7 宇宙视野

量子纠缠原理

量子的纠缠，一定是一个阴粒子和一个阳粒子的合而为一，这就是老子所说的“负阴而抱阳”，“负阴而抱阳”就是典型的电子与磁子的纠缠态。

这种阴粒子和阳粒子成对的相互纠缠结合，或者四个粒子的叠加纠缠形成了一个从粒子、中子、质子、光子、原子、分子到物质的出现，这种由简单到复杂、由低级到高级的叠加组合，就形成了一种造化之势。这种造化势能的积蓄，一旦达到足够的量就会爆发而产生质的巨变，宇宙就诞生了，万物就被演化出来了。

而产生这一切的根源——天地未形成之前的能量守恒，老子说我也不知道怎样称呼它，但为了理解和认识它，我就给它勉强起了个名字叫“道”。

再勉强形容一下就称它为“大”。

大到无限不就好像是流逝一样？故称它为“逝”。

而流逝不就好像是很遥远而未知？故称它为“远”。

这个遥远而未知的道究竟在哪里？它其实就在我们自己本身，它就存在于你我的心中，故称它为“反”。

道既然存在于我们自己本身，我们的身体不就和宇宙一样大吗？人的身体其实就是宇宙的复制品，这就是“天人合一”“人天相应”的道理。

在人认知的域内有四大，道是最大的，其次是天，再次是地，最后是人。

“故道大，天大，地大，王亦大。域中有四大，而王居其一焉。”

人的生存必须依赖于地所给定的条件，并遵循地的运行规律，所以人必须“效法地”。

然而地的生存，必须依赖于天所给定的条件，并遵循天的运行规律，所以地必须“效法天”。

而天的生存，又必须依赖于道所给定的条件，并遵循道的运行规律，所以天必须“效法道”。

道只按照它自身的自然本性在运行，所以自然就成为了宇宙万物所要遵循的最高法则。

故“人法地，地法天，天法道，道法自然。”

“自然”不是地球所在的自然界，而是宇宙自己的“自燃”，“自燃”是宇宙自己的大爆炸，其实就是我们每一个人都应该拥有的内在自我动力，它是人心的一种状态，整个宇宙也是有内在的“自燃”状态，故人心通于道性，可与道产生同频共振，这种同频共振使人心具备了在某种程度上与道相同的创造能力，从而使人类的思想行为和道一样，成为宇宙万物存在的基础和创造物质世界的源泉。

在量子力学的实验中，一些怪异的实验现象在说明思想意识可以对物质及其存在状态产生作用，证明精神创造物质的原理。

我们所处的宏观世界，是由微观世界在细微处不断积累后从量变到质变形成的。

这就是为什么在量子力学的实验中，那些怪异的实验现象不会发生在宏观世界，因为宏观世界的出现需要有一个时间和空间上的积累。

意识与物质

人的心念在细微处的长期不断积累，就能变成宏观世界的一种真实存在。

由此可知，我们现实所遭遇的气候变化所引发的自然灾害，如火山爆发、地震、海啸、瘟疫等，人类生存所面临的环境问题、社会问题，个人所遭遇的疾病与灾难、福与祸、顺与逆、成与败、生与死，都是人心在细微处长期积累的结果。

所以当不好的结果发生后，人类若能及时觉醒，改变自己错误的观念和行为，就能拯救危机、化解灾难，改变自己的命运和未来。

大自然有一种自我修复的能力，人类群体意识的觉醒，必能助力大自然的快速修复，从而使人类的生存环境向更美好、更安全和可持续的方向发展。

究竟是我创造了世界，还是世界创造了我？其实我与世界不可分割，我即是世界，世界即是我。用庄子的话说就是：天地与我并生，而万物与我为一。

如此神奇的世界，如此神奇的道，如此神奇的纠缠，道在天，也在地，道存在于宇宙森罗万象之中，我们亦同时存在于宇宙森罗万象之中！

第三节 物质的起源

在探索物质的起源之前，我们一起来做一个心理小测验：

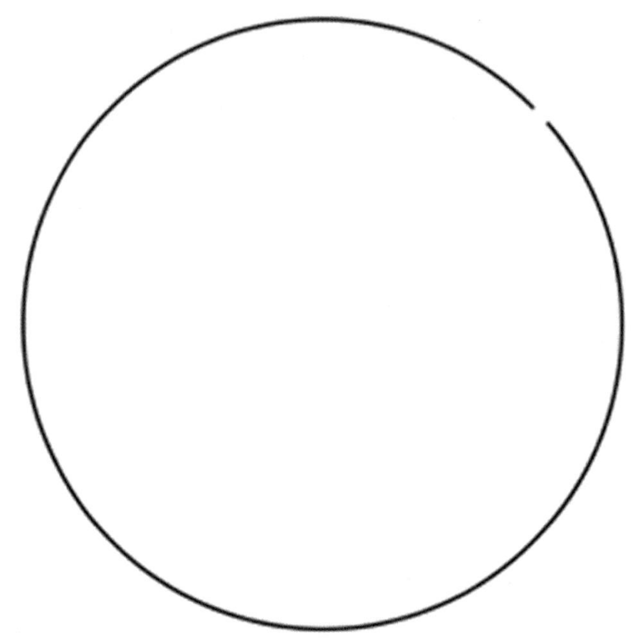

图 1－8 小测验

找一张白卡片，我们在上面画一个有一点缺口的圆，我们把卡片放在眼前，注视着圆，不断注入画圆的心念，我们会发现在这个有缺口的圆圈周围出现了一个白色小圆圈，同时，再注视着这个有缺口的圆是不是感觉缺口没有了呢？

物质就是能量

现代物理学有一个最伟大的发现，那就是“物质就是能量”。这也是爱因斯坦对人类所作的巨大贡献，他向我们揭示了物质只是能量的一种形式。这世界上的万事万物都是由能量所形成的，不管是物品，还是动物和人类都是如此，

我们肉眼所见到的只是380纳米至780纳米的空间，并非所有的空间，那么，-200纳米和1000纳米的空间是什么，我们的眼睛根本无法觉察，但是，这些空间依然还是有物质存在的。我们之所以能够看到房屋、墙壁、身体，是因为这些物质发出来的光谱都在380纳米至780纳米之间，能够让我们感知到，而且这些物质所表现出来的也只是纯粹的能量，但是，在这些物质里面，由于物质能量电子的移动速度非常快，以致我们的肉眼看不出来，因而我们感知它们是一个实实在在的固体物质。

物理学家研究了300年，想找出物质的本质，当他们探索得越深，就越感到迷惑，他们简直无法相信，在物质的里面竟然什么都没有，物质的本质并非物质，而是能量。你的身体看起来好像是由固体物质所构成，而这些固体物质可以分解成分子和原子，但根据量子物理学，每一个原子的内部有99．9999%是空的，以闪电般的速度穿梭在这些空间中的次原子其实是一束束振动的电子能量。这些能量并不是随便任意振动，它们的振动是有规律的。①

① 摘自《道客巴巴》的《物质是来自于念头》2012，9，2。

物质的起源

图 1－9 科学家爱丁顿

著名科学家爱丁顿（Eddington）说过："我们总是认为物质是东西，但现在它不是东西了；现在，物质比起东西而言更像是念头。"

如果你去剖析一幅画，你会发现它是由画布和一些颜料所组成，但一幅画之所以变成美丽的图画，并非来自画布和颜料等物质的总和，而是来自绘画者的心念。如果没有绘画者的心念，也就不可能有那幅画。

把一块方糖放在瓦斯上燃烧，只会产生火光、热和油腻的碳块，可是如果把它吃进肚子，它却能创造出不同的物质，这是因为什么？是因为思维，一个人的思维把糖所提供的能量能够变成了梵高的名画、肖邦的《波兰舞曲》和米尔顿的叙事诗《失乐园》，这些都是人的思维的结果。[①]

“思维也有能量”

你生活周遭所看到的一切都是来自你的思维。我们的每一个人身体都可还原为70%的水分以及没有多大价值的化学物质，然而我们的思维可以创造无数的物质。

图1－10 思维能量图

我们每个人的思维每一天都负荷着不可思议的能量，这些能量会透过各种形式转化为物质，很多人却无法感知。

我们的思维既能创造出来疾病，也能治好疾病；我们的思维既能让我们陷入痛苦，也能让我们离苦得乐。人的思维能创造出善与恶、

① 摘自《网易》的《物质并不存在，一切事物的本质是能量，都来自我们的意识》，2019，7，1。

美与丑、成功与失败、富有与贫穷等，而这些总是相互伴随，相辅相成，互为因果。所有生命经验的种种，都是我们的思维所创造的。

正所谓“一念一世界”。我们是自己命运的创造者，我们外在所看到的一切，正是我们内心世界的呈现。英国诗人米尔顿在《失乐园》中有句名言：心是居其位，只在一念间；天堂变地狱，地狱变天堂。千万不要小看自己的一个小小的念头，我们的任何“起心动念”都可能改变整个世界。

现代物理学家认为，“在微小的原子里存在着巨大的能量”。原子是这么的小，在负纳米以下，人们借助显微镜也看不到，但它却改变了整个世界，第二次世界大战时，日本长崎、广岛就是被原子能量所摧毁的。正如同原子能拥有如此巨大的能量，我们思维的能量也是一样。相似的能量会吸引相似的能量，形成类似的“能量团”。当这些类似的“团”在宇宙中彼此穿梭、碰触，慢慢地聚合在一起的时候，也就形成了物质，形成了我们的世界，这即是思维形成物质的原理。

不要忽视你的恶念，有的人说“我只是无聊想想，我只是随便想想而已，我想应该没什么关系”，即使是微不足道的火花，也可能烧掉整个森林。

不要小看你的善念，有的人说“那只是一件小事，不算什么”。浩瀚的大海是由每一滴水组成的。人们为善、为恶，全在一念之间，变好、变坏，其实就在一个小小的念头上。

生活总是由小事情所组成的，没什么大事，但小事累积起来就成了大事。单单一个小小的善念也许看起来没什么，但仅仅是那个念头即将创造出来不可想象的物质。[①]

图 1－11 语言的能量

语言是思维的结果

思维具有能量，语言是有声的能量，因为语言是思维的结果。当有人说一些不中听、不吉祥的话时，常会听到别人说："快闭上你的乌鸦嘴!"因为当"负能量"的语言一出，语言就在发出振动波幅，更明白地说，你是在吸引"同频道"的事情上门。

人们在愤怒和怨恨时所说的话往往都带有很强的能量，再透过负向的振波，结果会让人感觉非常不舒服。这就是为什么有的人听到这样的话，会大哭的原因。

① 摘自《简书》的《思想能创造疾病，也能治好疾病?》EVA 朱，2019，3，7。

我们一定也听说过这样的事情，某些人因为一时气愤，说出了重话，后来真的发生严重的后果。比如夫妻吵架时，妻子气愤地对丈夫骂道“你去死吧!”结果丈夫真的就死了；父亲气呼呼地对孩子骂道：“有本事你就永远不要回来!”结果孩子真的因为一场意外就再也没有回去过。

有人或许会问：“我只是说说而已，又不是真的，有什么关系?”如果有人告诉你，说你最近身体的那些异常现象很像是癌症，你会怎么想？也许他也只是说说而已，但他的话对你真的一点影响都没有吗？

今天就给大家讲讲我的同事老周的真实故事。2020 年连续几天以来，老周都感到胸闷、咳嗽，而且有点呼吸困难，吃药也没有多大变化，老周非常担心自己感染了新冠肺炎病毒，随即住进医院接受检查、隔离。他的心情非常糟糕，感到非常虚弱，体重迅速下降，开始无法离床。万万没有想到的是，医院在他隔离的第三天，确诊不是新冠肺炎病毒。获知实情之后，老周居然在 24 小时内就能够下床了。他的食欲也恢复，疼痛也消失了，而且行动自如，只有刚开始咳嗽与呼吸困难的症状了。在医生的治疗下，两周之后，老周顺利出院了。

言语的力量

著名的诗人安琪洛谈到言语的力量时说：“言辞就像小小的能量子弹，射入肉眼所不能见到的生命领域。我们虽看不见言辞，它们却成为一种能量，充满在房间、家庭、环境和我们心里”。她相信，我们身边人的言辞会渗透我们的生命。

语言就是发出声音的能量，每个人每天要讲上几百句到几千句的话，有的人甚至是上万句。他们在不知不觉中，已经给我们的空间释放了很多能量，这些能量也会影响到他们自己的情绪、心态和命运。

所以，我们说任何话都要非常谨慎，老子在《道德经》的第五十六章里，明确告诉我们要“塞其兑，闭其门”，这是我们修道的第一步，若第一步没有走好，第二步“挫其锐，解其纷”根本就无法进行下去，更不用说做到第三步“和其光，同其尘”了。

我们说话的时候所用的字眼直接影响我们的情绪和行动，所以，我们要不断在“身、口、意”上修正自己。其中的“意”就是我们的思维，“口”就是我们的语言，“身”就是我们的行为。

一般人处理情绪的中心是右脑，语言中心在左脑。当右脑认知一个负面的情绪时，会越过胼胝体传递到语言中心，说出相应的字。同样地，当我们左脑在接收到负面的字眼时，也会传到右脑，反映相应的情绪。所以，你选择用什么字眼来表达就很重要。如果有人在激怒你的时候，你能够用“慈悲”的心态来取代“气愤”或“愤怒”，你就不会被激怒，这就是修行人的“仁者无敌”。此时，我们的每一个念头都在创造出不同的物质。

每个念头就像每颗种子一样，在还是种子的时候，我们无法看到大树，但只要你播下种子，种子自然会茁壮成长，最后长成参天大树。

第四节　物质决定意识

下面来一个心理小测验：

图 1－12 小测验

当我们的眼睛扫视上面这张图的时候，就发现整个图是动的；但是，当我们的眼睛固定在图片上的任意一点不动时，这张图片也就静止下来了。

从上面的这个小测验，我们得知：很多事物是在多层空间同时存在的。从量子的角度来分析，似乎符合测不准原理。关键取决于我们内心的关注点，如果我们的内心有关注点，那么，就发现我们可以静止地看待一切事物本质，当我们只在表面看事物的时候，所有事物都是动态的，看不清楚。这个测验告诉我们：万物的本质必须聚焦在一点上。

之所以我们感觉测不准是因为我们没有跳出这个系统来看系统，从量子的角度看，时间好像是静止的、是整体的，也就是过去、现在和将来同时存在，但是，我们每一个人感觉的过去、现在和将来都是动态的，不是同时存在的。

所以，马克思辨证唯物主义告诉我们，物质决定意识，意识又反作用于物质，只有物质与意识统一，才会聚焦在一个点上。

生命的本质是静，动后必然回归平静。一个人必须在动与静之间把握哲学的本质与现象，才能感受万物都在自己的内心。

所谓“智者乐山，仁者乐水”并不是告诉大家喜欢山的人就是智者，喜欢水的人就是仁者，而是要告诉大家在动静之间把握事物的本质与现象。

物质的本质

整个宇宙的物质都是有能量的，尽虚空，遍法界，能量无所不在，万物皆是能量所化，布满宇宙，形成自然，也形成自然万物之道。

这就是物质的演化之道，一切由物质与意识合一所为。非意识所为者，非天道也！

万物自古有很多称谓，虽名不同，都属能量，也是万物之本质，故称为物质。质者，物之本也！

物质非某一特定之物，不住于任何形象、特点。所以说，马克思找到了世界的本质，世界的本质就是万物的本质，也就是说，万物的本质就是能量，本质是指万物的本来面目，也就是能量的属性。[①]

意识也是能量

子曰：“学而不思则罔，思而不学则殆。”

这是告诉人们必须不断探究万物的本质之道，只有我们掌握了万物的本质，我们才如同老子《道德经》第四十八章所言“为学日益，为道日损”，也只有掌握了道理的本质，我们的意识才会具有能量。

心之本体是无善无恶，不思善不思恶，心之良知本体才能显现出来意识，也只有物质与意识，才能创造更多能量。

此时意识的能量也就发挥出来，人心也为能量所化，心的运动规则就是意识，持续“致良知”的过程，人心的能量就不断在累积，人心净化到清净无染、一尘不染的时候，本心也就能够觉悟，能量也就发挥出来。

如果人的意识没有持续“致良知”的过程，那么，人的意识就是杂乱的的，外在现象就是动而不止的。

如何实现物质与意识合一

人的意识在动的状态，就出现了善恶的正负极性，其运动规则是

① 摘自《豆丁网》的《能量制造宇宙，万象唯心造》，福源，2012，12，19。

不规则的，虽也是意识思维，但是妄心的思维。

妄心的思维是形成于对外界事物过于、急于追求的感知范围，于是物质与意识就无法合一。

人的意识在演化的过程中，只有坚守马克思主义哲学的原则，物质决定意识、意识反作用于物质，才能实现合一。

我们人类眼睛所见到的事实也是有限的，有限的知见所作出的结论自然也是有限的，这样的结论大都是片面的、虚妄的，最终是错误的。

有的人不觉得自己的意识有限，以有限的意识去下结论，无疑会有失偏颇。有的人不懂得这个道理，却轻易地对某个事情作出判断，如同盲人摸象，以偏概全，从现象来感知本质，此时唯心所造是错误的、虚妄的。

而真正的感知本质是在心静的意识状态下进行的，在事物还没有出现的时候就能提前感知，就是我们常说的前瞻的意识。这才是真心的演化，真心是人体能量的体现，是与道合一的自性，是无为的，是在真空境界下无作为的、不动心的状态。

物质与意识合一，心静的真心可以真实地认识宇宙，认识万物，本质会从心里流出，不思而知，无所不知。此时的物质与意识合一是真实的、本来的、自然的。

找回真心意识

所以，古人提出了“修心”二字，意在找到自己意识的本心、真心。人们一旦懂得意识就是能量的时候，就会采取提高能量的方法，来找回自己的真心意识。

当人体能量达到很高程度的时候，人体的正负极性就在能量无极性的作用下，平衡了人心正负极性的干扰，于是人就会处在能量的包围之中，身体的极性被平衡，人的生命力就达到顶峰，人心的无极性也增强，无极性的人心，就是自性。[①]

所以，老子在《道德经》第五十九章说“无不克，则莫知其极”，这个“莫知其极”就是莫知人心无极的能量，是深积无有限量的敦厚之心，实现人心本性的至高无上的境界。

图1－13 老子雕像（河南灵宝）

① 摘自《百度文库》的《真心与妄心》，东方阳熹，2012，11，14。

小结

通过本章的学习，我们知道：构建投资理论体系非常重要，物质的起源是意识，现代科技已经证明意识是量子。早在二千多年以前，老子已经在《道德经》中对意识有明确的表述，即世间一切万物类象都是我们物质与意识合一。所以，投资理论体系的构建更加注重对人的意识的创建，人的思维决定了投资行为，更决定了投资结果。

第二章　世界金融鼻祖在中国

第一节　衡山之谋

第二节　买鹿制楚

第三节　买缟灭鲁

第四节　半部《管子》治天下

第二章　世界金融业的鼻祖在中国

很多人认为金融来自西方，中国是农业大国，是没有商品经济的，其实早在二千多年前西汉司马迁的《史记》中的《货殖列传》就已经告诉人们：二千多年前的汉朝就已经有了商品经济和市场经济。特别是汉武帝时期的丝绸之路以及元朝忽必烈时代完全打通了中国与西亚和欧洲的商品交流。

很多人认为中国金融行业是在改革开放以后才有的，特别是中国在 1989 年才成立证券交易所。而西方发达国家，特别是美国有二百多年金融发展史，就认为世界金融鼻祖在美国，其实，这些人根本就不懂中国的古典哲学文化，中国早在二千五百多年前的春秋战国时期就已经开始了金融业的运营，也靠金融业创造了无数次辉煌，所以，金融业的鼻祖在中国。我们一起来看看，中国早在春秋战国时期是如何运营金融业的。

第一节　衡山之谋

衡山国是春秋时期位于齐鲁之间的一个小国，但是，该国以盛产刀剑、弓箭等兵器而著名，是春秋时期著名的兵工厂所在地。衡山利剑，天下无双。

衡山之谋原出于东方古典哲学《管子·轻重戊》一书，是管仲与齐桓公商讨如何征服衡山国等国的谋略。

这是中国古人最早的一次利用金融击溃外国的经典之战。以齐国不动一兵一卒全胜而告终。过程看似玄妙，道理其实很简单，那就是不断通过制造金融泡沫，高价收购他国最擅长的产业或技术而诱使敌国放弃自己本国基础产业（农业粮食生产），追求最擅长产业的畸形利润，制造金融危机，最终造成敌国经济瘫痪的经典“金融战”。

图 2－1 金融业鼻祖管仲

关于衡山之谋的记载，原文如下：

桓公问于管子曰："吾欲制衡山之术，为之奈何?"管子对曰："公令其人贵买衡山之械器。燕、代必从公而买之，秦、赵闻之，必与公争之。衡山之械器必倍其贾，天下争之，衡山械器必什倍以上。"公曰："诺!"

因令人之衡山求买械器，不敢辩其贵贾。齐修械器于衡山十月，燕、代闻之，果令人之衡山求买械器，燕、代修三月，秦国闻之，果令人之衡山求买械器。

衡山之君告其相曰："天下争吾械器，令其买再什以上。"衡山之民释其本，修械器之巧。

齐即令隰朋漕粟千赵。赵籴十五，隰朋取之石五十。天下闻之，载粟而之齐。

齐修械器十七月，修粜五月，即闭关不与衡山通使。燕、代、秦、赵即引其使而归。衡山粮食尽，鲁削衡山之南，齐削衡山之北。内自量无粮食以应二敌，即奉国而归齐矣。

图 2－2 齐桓公与管仲商讨国事

齐桓公问管子："如何制服衡山国?"管子回答："主公让人向衡山国高价买入兵器，只交付 20% 的定金，再散布齐国要扩张的舆论。燕国和代国一定会跟着买，秦国和赵国知道了一定也会跟着买。天下争着买衡山国兵器，兵器的价格必然会不断上涨，会上涨十倍以上。"

齐桓公马上派人去衡山国高价收购兵器，燕国和代国由于害怕齐国一旦拥有了衡山国的兵器，必然去攻打他们，于是，也立即向衡山国购买兵器和刀剑；秦国听说之后，担心齐国和燕国拥有大量兵器后会攻打他们，果然也跟着买。

衡山国君看到这样的形势，就跟自己的相国说："我们衡山国的兵器不断有他国要购买，价格不但上扬，价格马上将要提高十倍，我们全民来生产兵器，不搞农业粮食生产了！"衡山国的人民最后都放弃了农业生产，倾尽所有财力去生产兵器。

这时候，齐国又派隰朋去赵国购买粮食，赵国提出粮食价格是 15 钱 1 斤，隰朋当即以 50 钱 1 斤的价钱买入。其他围绕衡山国周围的各国得知齐国以这么高的价格买粮食，都把粮食自动拉到齐国去卖了。

齐国在和衡山国签订兵器买卖合同之后的十七个月时间把衡山国周围国家的粮食全部收购完之后，断绝了和衡山国的外交，撕毁了和衡山国兵器买卖合同，定金也不要了。这时候，其他各国包括燕国、代国和秦国、赵国都觉得把这么贵的兵器买回来不是很划算，也学着齐国，纷纷与衡山国断交，撕毁合同。

由于衡山国人放弃了粮食生产，粮食很快吃光。这个时候鲁国攻占了衡山国的南部，齐国攻占了衡山国的北部，衡山国粮食很快没有足够粮食的能够抗击齐、鲁两国，衡山国的国君只好带着自己的国民归顺了齐国，衡山国生产的全部兵器都归了齐国。

图 2－3 衡山国归顺齐国

这是春秋时期管仲利用金融战击垮衡山国的经典案例，也是从这次金融战开始，管仲成就了齐桓公的“春秋五霸”的霸业。

第二节　买鹿制楚

春秋时期，天子衰，诸侯兴。东周王室势力衰微，权威不再，已经无法有效控制天下诸侯。一些强大的诸侯国为了争夺天下，开启了激烈的争霸战争，相互之间合纵连横、东征西讨，前后共有数位诸侯依次成就霸业。

“春秋五霸”是春秋时期特定阶段的历史产物，此时的诸侯争霸，为之后的战国时期的兼并统一战争做了先期准备。

衡山之谋之后，齐桓公成就了霸业，成为春秋五霸中的第一个霸主，按照司马迁《史记·索隐》对春秋五霸的划分，之后是宋襄公、晋文公、秦穆公、楚庄王陆续称霸；按照《荀子·王霸》的划分是齐桓公、晋文公、楚庄王、吴王阖闾和越王勾践。无论是哪一种划分都可以看出来齐桓公毫无疑问是春秋五霸中的第一霸主。[①]

① 摘自《百度百科》的《春秋五霸》，2018，1，30。

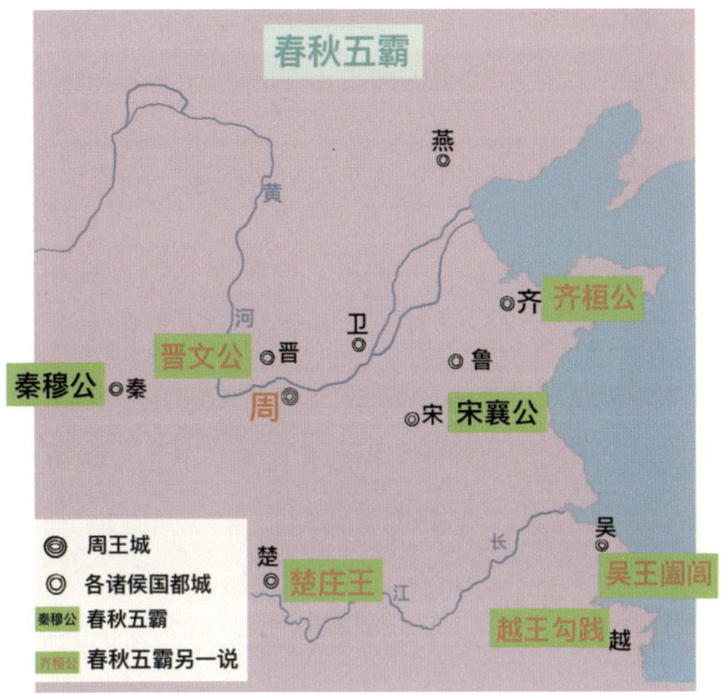

图2-4 春秋五霸图

本节下面要讲解的楚国并不是春秋时期楚庄王时期的楚国，更不是后期战国时期的楚国，楚国真正强大是从这个“不鸣则已，一鸣惊人”的楚庄王之后才成就强大的楚国。

《管子·轻重戊》第八十四篇记载：

桓公问于管子曰：“楚者，山东之强国也！其人民习战斗之道。举兵伐之，恐力不能过。兵弊于楚，功不成于周，为之奈何？”

管子对曰：“即以战斗之道与之矣！”

公曰：“何谓也？”

管子对曰：“公贵买其鹿。”

桓公即为百里之城，使人之楚买生鹿，楚生鹿当一而八万。管子即令桓公与民通轻重，藏谷什之六。令左司马伯公将白徒而铸钱于庄山，令中大夫王邑载钱二千万，求生鹿于楚。

楚王闻之，告其相曰：“彼金钱，人之所重也，国之所存也，明王之所赏有功。禽兽者，群害也，明王之所弃逐也！今齐以其重宝贵买吾群害，则是楚之福也，天且以齐私楚也。子告吾民急求生鹿，以尽齐之宝，则是楚不赋于民而财用足也！”楚人即释其耕农而生田鹿。

管子告楚之贾人曰：“子为我致生鹿二十，赐子金百两。什至而金千两也。”楚之男于居外，女子居涂。

隰朋教民藏粟五倍，楚以生鹿藏钱五倍。管子曰：“楚可下矣！”公曰：“奈何？”管子对曰：“楚钱五倍，其君且自得而休谷。钱五倍，是楚强也。”桓公曰：“诺！”

因令人闭关，不与楚通使。楚王果自得而休谷，谷不可三月而得也，楚籴四百，齐因令人载粟处芊之南，楚人降齐者十分之四，三年而楚服。

图 2-5 买鹿制楚

桓公问管仲："楚国是山东的强国（并非指现在山东省），其人民好打仗。出兵攻打他们，恐怕没有取胜的实力。如果打不赢楚国，又不能为周天子立功，你看怎么办呢?"

管仲回答说："就用战斗的方法来对付他们。"

桓公说："这怎么讲?"

管仲回答说："您可用高价收购楚国的鹿。"

齐桓公便令人营建了百里鹿苑，派人到楚国购买鹿。楚国鹿的价格是八万钱一头。管仲首先让桓公收购民间贮藏的粮食十分之六，其次，派左司马伯公率民夫到山庄制造铸币；然后，派中大夫王邑带二千万铸币到楚国收购生鹿。

楚王得知后，对楚国丞相说："钱币是谁都重视的，国家要靠它来维持，明主要靠它赏赐功臣。鹿这种野生动物，不过是一群禽兽，是明君所不要的。现在齐国用贵金高价收买我们的鹿，真是楚国的福分啊！上天简直是要把齐国送给楚国了。请您通告百姓尽快猎取生鹿，换取齐国的财宝，这样楚国即使不向百姓征税，财用也充足了。”楚国百姓便都放弃农业生产而从事猎鹿活动。

管仲还对楚国商人说：“您给我贩来楚国的鹿二十头，我就给您黄金百两；加十倍，则给您黄金千两。”楚国的男人为猎鹿而住在野外，妇女为猎鹿而住在路上。

后来，隰朋让齐国百姓藏粮增加五倍，而楚国因为卖出鹿存钱增加五倍。管仲说：“这下可以取下楚国了。”桓公说：“为什么?”管仲回答说：“楚国存钱增加五倍，楚王现在一定已自得地想自己放弃农业生产是对的！财富增加了五倍，悠然自得感觉自己是强国了。”

于是齐国派人封闭关卡，不再与楚国通使。在齐国闭关不到三个月的时间内，楚国粮食价格高涨，每石粮食狂涨到四百钱。齐国便派人运粮到芊地的南部，告诉楚国人只要归顺齐国就可以有饭吃，楚人投降齐国的有十分之四。经过三年的时间，楚国就降服了。

图 2 -6 楚国降服图

第三节 买缟镇鲁

齐鲁在春秋时期是两大邻国，本来封地差不多大，一个是西周周公的封地，一个是姜子牙的封地。但是，在齐国不断强大的时候，鲁国经过几代传延下去，日渐衰落。但是，鲁国的纺织业非常发达。

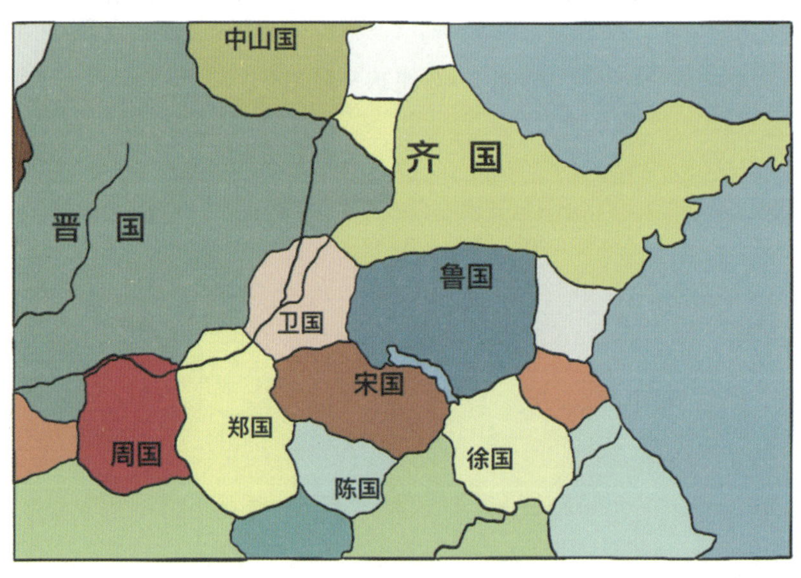

图 2-7 春秋各诸侯国地图

齐鲁两国历史渊源深厚，本应睦邻友好，但却一直暗中较劲。虽然在很多方面都互不相让，但两国之间的经济往来，却非常密切。

那个时候的鲁国生产一种又细又白的绢布，叫鲁缟，以薄闻名，用“鲁缟”这种布做的衣服非常有档次，当时的贵族都非常喜欢。

图 2－8 鲁缟衣服图

管仲让齐桓公不要再穿齐国丝绸所做的衣服，而改穿鲁缟。不仅国君这样，管仲还要求大臣效仿国君也这样做。

不久，齐国许多百姓看到齐国君王和那些大臣们都穿鲁缟，于是纷纷效仿。鲁缟在齐国的市场彻底打开了，齐国人开始大量购买鲁缟。

没多久，鲁缟被齐国炒成了天价，这可乐坏了鲁国。由于鲁缟供不应求，价格猛涨，鲁国人地也不种了，认为所有人都去生产鲁缟，鲁缟卖的钱足够买粮食了。为此鲁国人还嘲笑齐国的管仲。

几年后，当鲁国土地完全荒漠的时候，齐桓公下令：所有齐国人不可以再穿鲁国的鲁缟了。齐桓公自己也穿回齐国的绸缎衣服，大臣和百姓们也都不再穿鲁缟，鲁缟的销量和价格断崖式下跌。

同时，管仲命令断绝与鲁国的一切经济往来，停止进口鲁国的鲁缟。没过多久，鲁国人因为都去生产鲁缟导致地没有人种了，粮食在瞬间短缺，价格迅速上涨。由于鲁国买不到粮食，很多人饿死，尸横遍野，也有很多人逃亡到了齐国，鲁国没有办法最终只能臣服于齐国。

管仲没用一兵一卒，通过制造金融战就征服了鲁国，实乃不战而屈人之兵。

第四节　半部《管子》治天下

通过前文三个管仲实操的“金融战”案例，我们可以得到一个结论，那就是管仲才是全世界金融的鼻祖。通过不断提高敌国最擅长的技术或者产业（衡山国的兵器、楚国的鹿和鲁国的缟）价格，进而制造金融危机，达到使敌国放弃本国最重要的基础产业（农业粮食）生产，造成粮食高价，即使有钱也无法买到粮食，从而智取敌国的战略。

《管子》是一部阐述“强势文化属性”的巨作。管子辅助齐桓公称霸，据司马迁《史记》记载：齐国当时达到了“通货积财，富国强兵，与万民同乐！”齐桓公笼络天下诸侯，诸侯来齐国的时候拿的礼物少，走的时候回赠物品多，归顺的诸侯对齐国更加尽心，让那些没有归顺的诸侯心生羡慕。这样来维持霸业地位，国家不富裕是做不到的。

管子就是这样有本事的人，不但能带兵打仗，而且管理国家经济也是一把好手。孔子赞叹管子：“管子辅佐齐桓公，九合诸侯，匡正天下，不以兵车。”

这说明管子辅佐齐桓公，不是靠武力杀伐，而是使用战争之外的金融手段来智取各个诸侯国。

管子成就齐桓公霸业之后，并没有认为自己是高人，而是在齐国西门设立一个稷下学宫，为“强势文化”提供了条件，因为管子始终强调：强势文化造就强势的人，而弱势文化造就的是弱势的人。稷下学宫最鼎盛的时候，有学生三千多人，有各家各派的学者。据后来学者的不断研究，活跃在稷下学宫的人物还有很多，举其大者，如儒家的孟子和荀子，都先后到过稷下学宫，荀子还曾为稷下学宫祭酒。稷下学宫的规模在当时是无与伦比的。

稷下学宫的学术不断得以交流和发展，才有我们大家现在能够看到的异彩纷呈的东方古典哲学《管子》一书。该书涵盖了黄老道家的文献，也涵盖了儒家文献。除了道家和儒家之外，《管子》涵盖了法家、墨家、阴阳家、兵家、名家和农家等各个学派，《管子》一书的显著特点就是其各派思想的融通性。可以说，《管子》是汇聚百家学说的著作。

在《管子》一书当中，我们可以看到儒家的影子，如《牧民》篇当中的“礼、义、廉、耻”为“国之四维”，管子称“四维不张，国家乃亡”；看到道家的思想，如《白心》《内业》《心术》《水地》《四时》《五行》等与东方古典哲学《道德经》的“圣人常无心，以百姓心为心”和“我无为而民自化”颇为相符；还可以到法家的思想，如《修权》《法禁》《法法》《兵法》《任法》等称“法者，将用民之死命者也!”颇似《商君书》的口吻；还可以看到阴阳家的思想，如《幼官》和《幼官图》，其努力将人事行为限定于顺守时令的用心，正是阴阳观念的硬核；此外，还有墨家的言论，如《正世》《治国》等阐述“农家对地利的筹划”。

但是，这并不意味着《管子》是一本杂凑的书，而是融通百家，为齐国打造一个帝王霸业“强势文化”的学术巨作。

不过，在《管子》诸多思想的阐述当中，最具有特色是管子的富国“强势文化”的主张，也就是如何通过“金融战”来达到征服敌国的方法。这些方法都记载在《管子·轻重》当中。

《管子·轻重》诸篇原19篇，今存16篇，从轻重甲到轻重戊，再到轻重癸，是我国古代经济思想的瑰宝。轻重篇在重视农业、稳定农民经济基础上，主张通过商品经济和金融战来富国、强国，提出了国家通过货币、商品的“轻重”关系来调控经济的理论，这是中国有记载的最早的市场经济的雏形，在先秦经济思想中可谓是独树一帜的，时至今日仍然可以借鉴。

“轻重”是一个矛盾的对立面，也是东方古典哲学《道德经》所讲非常重要的四十对双修的重要方法，作为一种治国之术，主要用于经济方面，犹如《孙子兵法》中“正奇”这对概念主要用于军事方面一样。在经济领域中，轻重理论就是通过权衡货币、谷物、百物的供需、贵贱，采取金融战措施使国家富强。在对外方面，就是要权衡轻重，在经济上通过对外贸易和金融战制服敌国。孰轻孰重？总是变动不居的，“强势文化”的国君一定会顺时而动，把握时机，争取在最佳利益点打击敌国、征服敌国。这些思想得以在《管子》中集中加以论述，实属罕见。

《管子》一书并不是很难读，但是知晓的人甚少，最主要的原因是秦统一六国之后，随即出现很多只重视小农经济的朝代，而没有出现重视商品和金融的朝代，加上小农经济的朝代大多注重儒家思想，《管子》一书被很多学者疏忽。在唐朝，有博士尹知章等寥寥无几的人注释《管子》。就是在到了清朝乾嘉学派号称整理古籍最繁盛的时期，也没有一篇像样的整理巨作。在近代，也仅有郭沫若的《管子集校》、马非百的《管子轻重篇新诠》和黎翔凤的《管子校注》等著作。

在21世纪大力宣扬国学文化的时候，也是很少人在传播《管子》的“强势文化”思想，也就让很多人认为金融鼻祖在国外，而非中国。

其实，管仲才是世界金融业的鼻祖。

小结

通过本章的学习，我们知道：尽管我国的金融业发展较慢，但是，究其根源，我们在二千多年以前的春秋战国时期就已经有了金融行为的产生，所以，放眼全世界管仲才是金融业的鼻祖。

同时，《管子》这本书告诉了我们很多真正治国之道和治企之道。

第三章 易道投资法

第一节 阴阳投资法
第二节 四象投资法
第三节 五行投资法
第四节 八卦投资法
第五节 趋势投资法
第六节 价值投资法
第七节 易解企业生命周期
第八节 易解独角兽企业

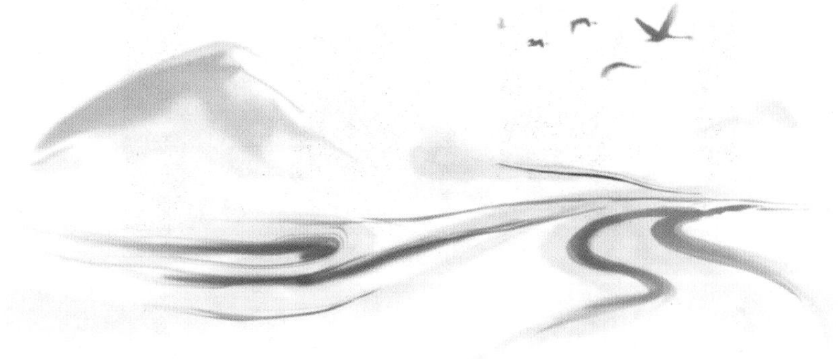

第三章　易道投资法

下面来一个心理小测验：

图 3－1 小测验

请问你从上面这个图片当中看到的这位武士是在大门里还是在大柱子之间呢?

第一节 阴阳投资法

惟楚有才，

于斯为盛。

大江东去无非湘水余波，

吾道南来原来濂溪一派。

当我们去参观湖南省长沙市岳麓书院的时候，很多人总是疑惑，怎么湖南人就是“惟楚有才”，而且长江都“无非湘水余波”呢？

原来身为湖南人的周敦颐创立了东方哲学理学一派，周敦颐也被称为理学鼻祖。

图 3－2 周敦颐故居

周敦颐一生写过《爱莲说》和《太极图说》，其中《太极图说》更加具体阐述了阴阳哲学，对于阴阳互化、互相依存、相生相克讲得非常清晰。

无极而太极，太极动而生阳，动极而静，静而生阴，静极复动。一动一静，互为其根。分阴分阳，两仪立焉。阳变阴合，而生水火木金土。五气顺布，四时行焉。五行－－阴阳也，阴阳－－太极也，太极本无极也。

五行之生也，各一其性。无极之真，二五之精，妙合而凝。乾道成男，坤道成女。二气交感，化生万物。万物生生而变化无穷焉。

唯人也得其秀而最灵。形既生矣，神发知矣。五性感动而善恶分，万事出矣。圣人定之以中正仁义而主静，立人极焉。

故圣人“与天地合其德，日月合其明，四时合其序，鬼神合其吉凶”。君子修之吉，小人悖之凶。故曰：“立天之道，曰阴与阳。立地之道，曰柔与刚。立人之道，曰仁与义。”又曰：“原始反终，故知死生之说。”大哉易也，斯其至矣！

太极图是以黑白两个鱼形纹组成的圆形图案，俗称阴阳鱼。该词最早出现在《易传·系辞上》中。太极是中国古代的哲学术语，意为派生万物的本源。

太极图形象地表达了阴阳轮转，相反相成是万物生成变化根源的哲理。太极图形展现了一种互相转化、相对统一的形式美、和谐美。它后来又发展成中华民族图案所特有的“美”的结构，如“喜相逢”“鸾凤和鸣”“龙凤呈祥”等都是以这种一上一下、一正一反的形式组成生动优美的吉祥图案，极受人们喜爱。①

《太极图说》受《周易·系辞传》的启发，周敦颐在《太极图说》中阐释了其宇宙观，“无极而生太极，太极动而生阳，动极而静。静极复动，一动一静，互为其根。分阴分阳，两仪立焉。”

该文认为，“太极”是宇宙的本源，人和万物都是由于阴阳二气

① 摘自《百度文库》的《太极图》，2012，3，30。

和水火木金土五行相互作用构成的。五行统一于阴阳，阴阳统一于太极。

文中突出人的价值和作用，该文主张："唯人也得其秀而最灵。"在人群中，又特别突出圣人的价值和作用，认为"圣人定之以中正仁义而主静，立人极焉"。

该文对后世影响很大，后世很多思想家都把《太极图说》收入囊中，如朱熹的《近思录》、黄宗羲所编《宋元学案》等尽皆收录《太极图说》。

其实，《太极图说》也完美地阐述了投资市场的上升趋势与下跌趋势，我们看看《太极图说》在投资市场上是如何演绎的。

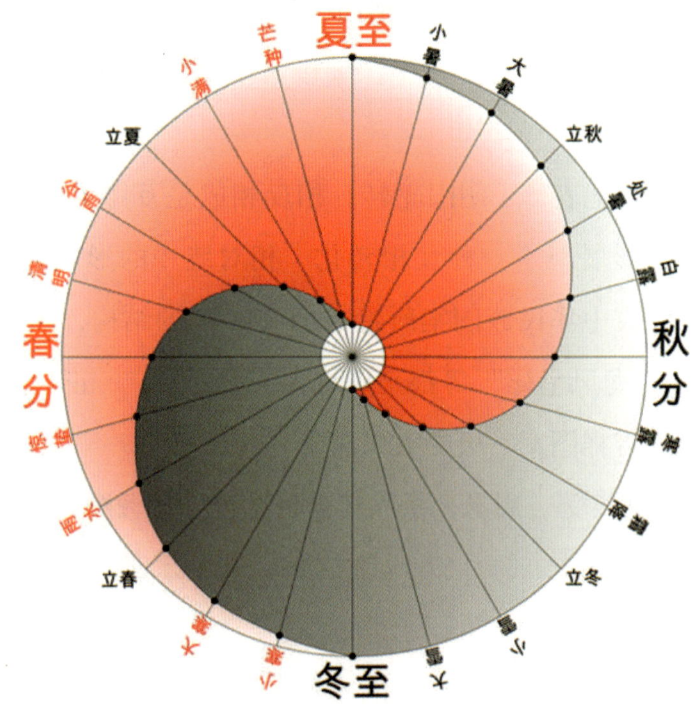

图 3－3 太极真图

一、阳的属性是上涨趋势

太极图是图式简单、内涵丰富、造型完美的图案，它概括了宇宙、生命、物质、能量、运动、结构等内容，可以揭示宇宙、生命、物质的起源。

从二十四节气的冬至开始，大地阳气就开始逐步增多，因为阳气属性是上升的。阳的产生是由无极而太极，太极动而生阳。

在投资市场中，上升趋势属性就是阳性，这个上升趋势我们一定要认识到是由“太极”而生出来的，而“太极”在投资市场中，就是主力在底部连续横盘状态，也就是主力看好一家公司之后连续地建仓洗盘。

案例1：海特生物

图3－4 海特生物

如在A股上市的海特生物（300683）在没有真正上涨之前的2020年2月27日，从24. 43元底部开始，明显出现四次上攻之后的回抽过程，在第四次上攻之后回抽到2020年2月4日的26.80元，之后开始真正的主力拉升过程，出现了10个涨停板。拉升之前的这个过程既是“太极”状态，也是“四渡赤水”的过程。

案例2：海底捞

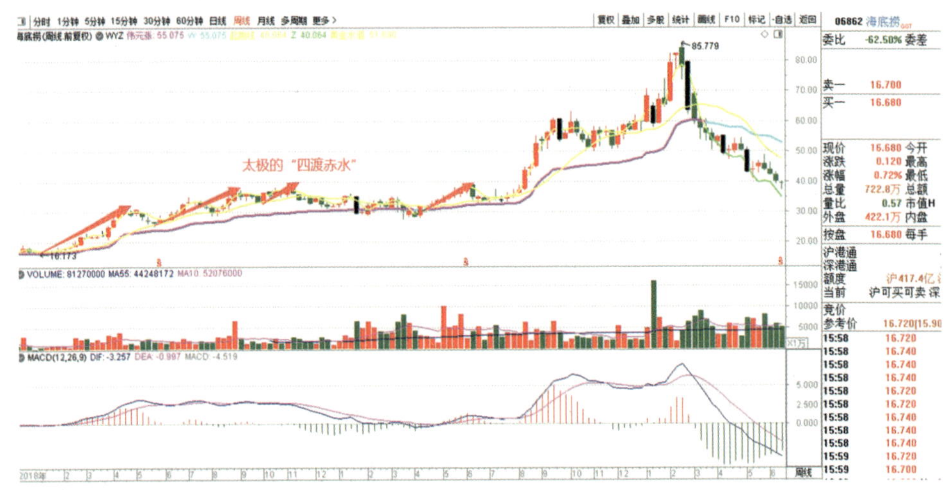

图3-5 海底捞

如在H股上市的海底捞（06862）在没有真正上涨之前的2020年7月17日，从15.27元底部开始，明显出现四次上攻之后的回抽过程，在第四次上攻之后的回抽，开始了真正的主力拉升过程。这个过程既是“太极”状态，也是“四渡赤水”的过程。

案例 3：紫金矿业

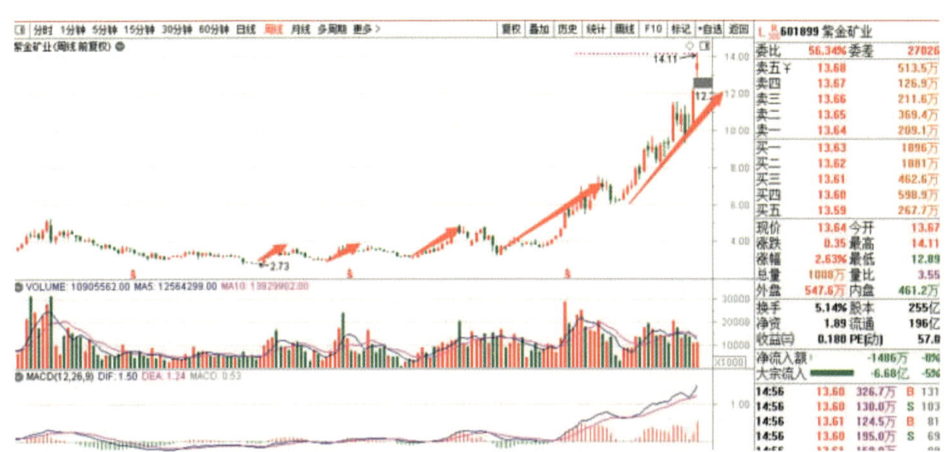

图 3－6 紫金矿业

如在 A 股上市的紫金矿业（601899）在没有真正上涨之前的 2020 年 10 月 9 日，从 2．73 元的底部开始，明显出现了四次上攻之后的回抽过程，在第四次上攻之后的回抽，开始了真正的主力拉升过程。这个过程既是“太极”状态，也是“四渡赤水”的过程。

通过以上三个案例总结分析，所有投资品种的上涨都是由“太极”状态也就是“四渡赤水”状态衍生出来的，就如同宇宙是由无极而太极生出来的一样，在无极的状态之后才是阳性的上涨趋势。

所以，东方古典哲学原理在投资上应用，“四渡赤水”的原理就是禅易投资法的由来。

二、阴的属性是下跌趋势

从二十四节气的夏至开始，大地阴气就开始逐步增多，阴气是下降的。而阴的产生不是由“太极”生出来的，而是由阳上涨到极点的时候产生的。就如同《太极图说》中所说“无极而太极，太极动而生阳，动极而静，静而生阴。”这个阳动极点就会处于“静”的状态，这个“静”的状态我们称之为“阳静”状态，这个状态所表现出来的形态也是“四渡赤水”。

案例1：重庆啤酒

图3-7 重庆啤酒

如在A股上市的重庆啤酒（600132）在没有真正下跌之前的2011年11月25日，股价已经从底部的3.00元涨到了74.88元，是明显的阳极的过程，之后开始“阳静的四渡赤水”状态，也是主力在高位出货的状态，等到主力经过“四渡赤水”之后（注：本次主力是三渡赤水），股价开始了连续11个跌停板的下跌过程。这个过程既是“阳静”状态，也是“四渡赤水”的过程，我们统称为“阳静的四渡赤水”状态。

案例2：济民制药

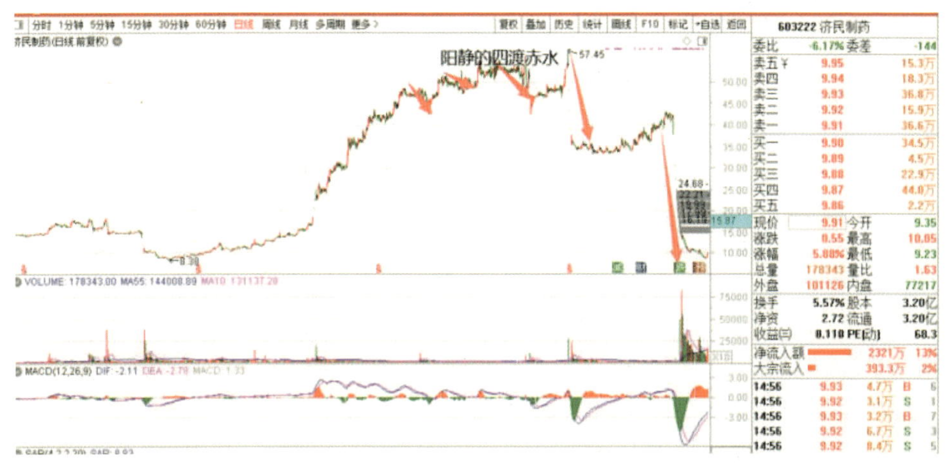

图3-8 济民制药

如在A股上市的济民制药（603222）在没有真正下跌之前的2020年12月15日，股价已经从底部的8．38元涨到了57．45元，是明显的阳极过程，之后开始“阳静的四渡赤水”状态，也是主力在高位出货的状态，等到主力经过“四渡赤水”之后，股价开始了连续11个跌停板的下跌过程。这个过程既是“阳静”状态，也是“四渡赤水”的过程，我们统称为“阳静的四渡赤水”状态。

案例3：＊ST博信

图3－9 ＊ST博信

如在A股上市的＊ST博信（600083）在没有真正下跌之前的2020年2月18日，股价已经从底部的1．43元涨到了30．65元，是明显阳极的过程，之后开始了“阳静的四渡赤水”状态，也是主力在高位出货的状态，等到主力经过“四渡赤水”之后，股价开始了连续下跌的过程，股价从30多元跌到3元多。这个过程既是“阳静”状态，也是“四渡赤水”的过程，我们统称为“阳静的四渡赤水”状态。

通过以上三个案例可以看出，投资品种的下跌过程大多是由阳极之后的“阳静”状态开始的，也就是说，主力在拉升之后，必然在高位出货，等到主力出货完毕，市场必然是下跌的，大多数主力会在“阳静”的时候，使用“四渡赤水”的手法，个别主力是边拉升边出货，不需要等到“四渡赤水”状态，所以，投资市场的下跌是由阳极的“阳静”状态衍生出来的，完全符合周敦颐的《太极图说》。所以，在“阳静”的状态之后才是阴性的下跌通道。

第二节　四象投资法

太极生两仪，两仪生四象，四象生八卦，八卦定乾坤。

尽管阴阳两仪是由太极生出来的，但是，在投资市场当中，太极先生出来的是阳，而阴是由阳极而静生出来的，之后才是阴阳不断循环往复。

在前面我们分析了阴阳投资法之后，那么，由两仪生出来的四象在投资市场上会给我们什么启迪呢？

东方古典哲学《易经》：易有太极，是生两仪，两仪生四象，四象生八卦。

这是指在浩瀚宇宙间的一切事物和现象都包含着阴和阳两仪，以及表与里的两面。它们之间是既互相对立又相互依存的关系，这既是物质世界的一般规律，也是万物能够生生不息的原因。

天地之道，以阴阳二气造化万物。自然界的天与地、日与月、雷与电、风与雨等，以及《道德经》所言的雄与雌、刚与柔、动与静、显与敛等，都在诠释物质世界的一般规律。

这一哲学理论建立至今几千年，仍在为我们后人描述万象。人与自然之间存在着互动的关系，人与天地相参，与日月相应，一体之盈虚消息，皆通于天地，应于物类。

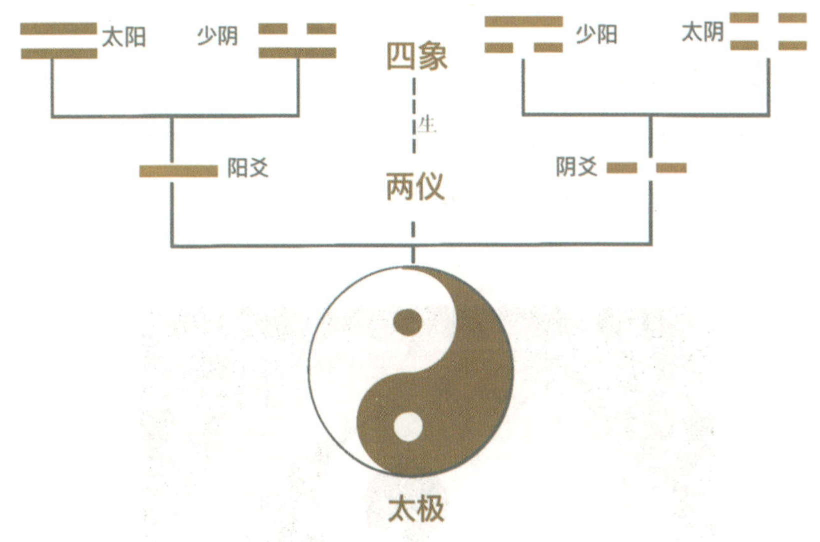

图 3－10 两仪生四象图

从图 3－10 来看，从阳的趋势当中生出来的是太阳和少阴；而从阴的趋势当中生出来的是少阳和太阴。那么，也就是说从东方古典哲学智慧当中我们悟到，在上升趋势当中，我们要想能够获得太阳（大阳线），必须在上升趋势寻找其中的少阴（小阴线）来把握；而在下降趋势当中，无论投资者是不是做空，都要在少阳的小阳线上把握机会，如果做空就要在确定的下降趋势当中找小阳线下单做空，如果不是做空交易，而是做多交易就是在下降趋势当中把握小阳线减仓离场，因为未来要出现的就是太阴（大阴线）。所以，东方古典哲学智慧已经在趋势明朗的时候明确告诉我们投资者到底应该怎么做了，无论是做多还是做空，都非常明确。

一、把握小阴线，收获大阳线

在上升趋势当中，我们经常看到股市出现涨停板的大阳线，要想能够获得大阳线，就必须在上升趋势当中寻找的小阴线来把握，才会得到后面的大阳线。

图 3－11 阴阳太极图

从 3－11 太极图当中，我们可以看到阳气在不断上升的过程当中，始终存在阴气与之相伴随，阳气不断上升，阴气就不断减少，最终大阳线（太阳）形成之时，就是阴气最少之时。

案例 1：海底捞

图 3－12　海底捞

在 H 股上市的海底捞（06862），从 2020 年 11 月 27 日到 2021 年 2 月 16 日这一段上升趋势当中，我们看到该股出现了五次小阴线的买入机会，每一次买入后市都是上攻的。而在这一上升趋势当中，一共出现三根大阳线，每一根大阳线卖出后股价都出现了回调。

案例 2：紫金矿业

图 3-13 紫金矿业

在 A 股上市的紫金矿业（601899），从 2020 年 12 月 15 日到 2021 年 2 月 22 日这一段上升趋势当中，我们看到该股出现了五次小阴线的买入机会，每一次买入后市都是上攻的。而在这一上升趋势当中，一共出现三根大阳线，每一根大阳线卖出后股价都出现了回调。

案例3：万里马

图3-14 万里马

在A股上市的万里马（300591），从2020年3月19日到2020年10月16日这一段上升趋势当中，我们看到该股出现了五次小阴线的买入机会，每一次买入后市都是上攻的。而在这一上升趋势当中，一共出现了六根大阳线，每一根大阳线卖出后股价都出现了回调。

通过以上三个案例的分析，可以看出在阳的上升趋势当中，我们一定要把握回抽低点的小阴线，回抽低点的K线一定是小阴线，而不是大阴线，而我们要卖出的一定是大阳线，如果是早盘涨停板大阳线就不要卖出，下午涨停的大阳线，特别是14：30以后涨停板的大阳线一定要卖出，甚至是涨停打开的大阳线也同样要卖出。

二、做空小阳线，收获大阴线

在下降趋势当中，如果投资者是做空的，那么，就要在小阳线上把握机会下空单，之后，市场回抽大阴线时做空获利。

如果投资者不是做空交易，而是做多交易也是在下降趋势当中把握小阳线减仓离场，因为市场未来将要出现的就是大阴线。

案例 1：中证股指期货

图 3－15 中证股指期货

在 A 股上市的股指期货，在 2018 年 3 月 12 日到 2018 年 10 月 19 日这一段下降趋势当中，我们看到中证股指期货的做空交易出现了五次小阳线的做空下单机会，每一次做空之后，后市都是下跌的，一共出现四根大阴线收单机会。

案例 2：郑州棉花

图 3－16 郑州棉花期货

在郑州交易所上市的棉花，在 2018 年 5 月 30 日到 2018 年 12 月 25 日这一段下降趋势当中，我们看到棉花期货的做空交易出现了三次小阳线的做空下单机会，每一次做空之后，后市都是下跌的，一共出现了四根大阴线收单机会。

案例 3：崇达技术

图 3-17 崇达技术

在 A 股上市的崇达技术（002815），在 2020 年 7 月 14 日到 2021 年 2 月 4 日这一段下降趋势当中，我们看到崇达技术尽管无法做空交易，但是，这里出现出现了五次小阳线的反弹减仓机会，每一次减仓之后，后市都是下跌的大阴线，一共出现四根大阴线下跌。

对于不能实行做空交易的个股而言，投资者最大的也是致命的疑惑就是根本无法识别下降趋势，等到该股下跌以后才知道这样的小阳线反弹都是卖出的机会。该股识别下降通道方法还好，有一个在头部 24. 88 元的向下跳空缺口，从 2020 年 7 月 16 日到 8 月 17 日一个回补都没有，这时还在缺口以下交易的投资者就完全不懂东方古典哲学智慧了，因为这个下降趋势已经完全形成了。

有关如何识别上升通道和下降通道的方法，在本章八卦投资法当中将要和大家继续分析。

通过以上三个案例的分析，可以看出在阴的下降趋势当中，我们一定要寻找小阳线从而把握做空交易，即使不做空，小阳线也是做多交易投资者减仓离场的机会，后面必然出现大阴线。

这就是阴阳两仪能够生出来太阳、少阴、少阳和太阴的原理在投资市场上的应用。

第三节　五行投资法

无极而太极，太极动而生阳，动极而静，静而生阴，静极复动。一动一静，互为其根。分阴分阳，两仪立焉。阳变阴合，而生水火木金土。

阴阳两仪不仅仅能生出四象，而且还生出来“金、木、水、火、土”，那么，五行给我们带来什么启示呢？

最早记载五行的并不是《太极图说》而是《尚书》。

《尚书·洪范》一共有九大部分，古人称之为“九畴”，即治理国家的九大范畴。其中第一畴就是“一曰五行”，就是要懂得五行，明白水、火、木、金、土之间的生克制化原理以此来治理国家。

这是中国文化的根本所在，只有明白天地间五行生克制化的原理，才是一个领导者推行人间正道的洪范。

五行生克制化的原理，是中国古人经过高度的抽象思维总结的结果，针对水、火、木、金、土这五种基本元素的运动和转化，总结出来的一套非常精确的学问。中国古人把这个世界的物质，归纳出了五种界别明确的根本元素，这五种根本元素随着时间的不同，随着空间位移的变化，随着温度、湿度等环境条件的变化，相互之间会发生影响和转化。这种影响和转化的规律，就是五行生克制化的规律。

按现在的话来说，这是对物质世界的一种非常科学化的探索，而不是什么神秘的数术。中国古代的天文历法、地形地脉、医药养生等诸多门类的知识，都是建立在这一学问的基础上。而且，这一学问不仅仅是在自然科学的领域里起作用，在人文领域，乃至于在精神领域里，仍然是非常有效的。这就是中华文化的自信，用一句大家已经熟知的话来说，这就叫天人合一。

那么，今日我们就看看这五行之说，在投资领域当中到底有没有神奇之处？

在探索这个问题的答案之前，我们来看看五行生克制化的规律是什么。

一、五行生克制化的规律

图 3－18 五行生克制化图

研究五行就是指研究水、火、木、金、土五种物质的运动变化规律。从图 3 – 18 来看，五行之间变化规律分为相生规律和相克规律。

（一）相生规律

木生火，是因为木性温暖，火隐伏其中，钻木而生火，所以木生火。

火生土，是因为火灼热，所以能够焚烧木，木被焚烧后就变成灰烬，灰即土，所以火生土。

土生金，因为金需要隐藏在石里，依附着山，津润而生，聚土成山，有山必生石，所以土生金。

金生水，因为少阴之气（金气）温润流泽，金靠水生，销锻金也可变为水，所以金生水。

水生木，因为水温润而使树木生长出来，所以水生木。

之后再木生火，如此循环往复。

（二）相克规律

金克木，因为金属铸造的割切工具可锯毁树木。

木克土，因为树根吸收土中的营养，以补己用，树木强壮了，土壤如果得不到补充，自然削弱。

土克水，因为土能防水。古兵法有言：兵来将挡，水来土掩。就是这个道理。

水克火，因为火遇水便会熄灭。

火克金，因为烈火能熔化金属。

如此不断循环往复，成就世界物质永恒不灭。

二、五行在投资领域的应用

	代码	名称	涨幅%↓	现价	涨跌	涨速%	量比	涨跌数	涨停数
1	880491	半导体	5.58	3020.98	159.59	-0.02	1.87	96/0	3
2	880448	电器仪表	3.58	4301.12	148.66	-0.02	1.36	79/6	1
3	880430	航空	3.56	2080.68	71.57	0.00	1.50	39/2	0
4	880492	元器件	3.38	2675.57	87.37	-0.01	1.23	209/16	5
5	880351	矿物制品	3.24	2164.42	67.93	0.01	1.38	21/1	0
6	880446	电气设备	3.19	2144.19	66.31	0.02	1.26	227/19	4
7	880335	化工	3.16	2258.69	69.13	0.01	1.31	327/32	18
8	880390	汽车类	3.12	2157.10	65.22	-0.02	1.18	216/15	3
9	880437	通用机械	3.07	1543.57	46.04	0.01	1.23	87/14	1
10	880440	工业机械	2.63	2035.43	52.15	0.02	1.20	198/27	6
11	880474	多元金融	2.38	1176.92	27.39	0.00	1.47	28/3	4
12	880453	公共交通	2.22	1023.64	22.27	0.01	0.73	7/1	2
13	880490	通信设备	2.19	1588.18	34.03	0.06	1.17	106/19	1
14	880418	传媒娱乐	2.14	973.36	20.39	0.00	0.96	62/8	4
15	880421	广告包装	2.10	1602.64	32.99	0.02	0.98	29/11	2
16	880497	综合类	1.94	1070.02	20.37	0.03	1.05	22/8	1
17	880400	医药	1.86	2312.73	42.27	-0.01	1.13	235/20	8
18	880422	文教休闲	1.86	1729.00	31.51	-0.08	1.22	39/5	2
19	880493	软件服务	1.77	2628.33	45.61	0.00	1.13	194/49	5

图 3－19 行业板块图

（一）五行分类

无论是 A 股还是 H 股，打开行业板块和概念板块指数，对这些板块指数如果用五行来归类就非常完美，这些板块分布在五行的 5 个类别分别是：

五行	所属行业板块
木	种业、中医、农林牧业、生态农业、纺织服饰、造纸、装饰园林、碳纤维、草甘膦、工业大麻
火	5G、酒店餐饮、石油、电力、电信、家电、传媒、元器件、半导体、通信设备、供气供热、IT 设备、软件服务、互联网、电气设备、国防军工、核电、卫星导航、消费电子、氢能源、锂电池、燃料电池
土	房地产、建筑、水泥、旅游、煤炭、有机硅、土地流转、石墨烯
金	有色金属、稀土、银行、保险、证券、钢铁、工程机械、船舶、航空、无人机、汽车、工业机械、通用机械、铁路基建、高端装备、黄金、智能机器
水	港口、可降解塑料、渔业、水务、水利建设、商业连锁、化工、酒类、污水处理、海水淡化

（二）五行应用

五行板块的分类要想应用于投资领域，必须结合每一年的天干和地支。

十天干的阴阳五行属性

甲	乙	丙	丁	戊	己	庚	辛	壬	癸
阳木	阴木	阳火	阴火	阳土	阴土	阳金	阴金	阳水	阴水

十二地支的阴阳五行属性

子	丑	寅	卯	辰	巳	午	未	申	酉	戌	亥
阳水	阴土	阳木	阴木	阳土	阴火	阳火	阴土	阳金	阴金	阳土	阴水

比如：2020 年是庚子年，庚为金，子为水，金生水，水旺，那

么，2020 年水类行业和板块，如白酒和化工就会涨得好。

由于水生木，所以，2020 年木类是相，与木类有关的板块机会也是可以的，如种业和造纸。

那么，2020 年要回避的板块是什么？因为 2020 年水旺，水克火，就要回避火类的板块，如 2020 年与火有关的科技股就出现回调。

再比如：2021 年是辛丑年，辛为金，丑为土，土生金，金旺，那么，2021 年金属类商品，如黄金、铜、铝、钴、镍、锰等会涨价，股市当中的有色金属和稀土会大涨。

由于金生水，所以，2021 年水类是相，与水类有关的板块机会也是可以的，如污水处理等环保个股。

那么，2021 年要回避什么板块呢？由于 2021 年金旺，金克木，所以，要回避木类的生意和板块，如农业和服装。

再比如：2022 年是壬寅年，壬为水，寅为木，水生木，木旺，那么，2022 年木类板块就有机会，这一年就要注意中医、农业的机会。

由于木生火，所以，2022 年火类是相，与火类有关的板块机会也是可以的，比如：与火有关的科技类股将要出现反弹，如芯片、大数据和云计算的机会。

那么，2022 年要回避的是什么板块呢？由于 2022 年木旺，木克土，就要回避与土有关的房地产等板块，2022 年开始房地产价格将要出现大跌的危险。

再比如：2023 年是癸卯年，癸为水，卯为木，水生木，木旺，那么，2023 年还是木类板块有机会，这一年就要注意 2022 年还没有上涨的与木有关的板块。

由于木生火，所以，2023年火类还是相，与火类有关的板块机会还是可以的，如2020年没有反弹的其他科技类股和医疗保健将要出现反弹。

那么，2023年要回避的是什么板块呢？由于2023年还是木旺，木克土，要回避与土有关的其他板块，2023年房地产将有继续出现下跌的危险。

再比如：2024年是甲辰年，甲为木，辰为土，木克土，这一年的天干和地支不是相生的，而是相克的，但是，还是木旺，那么，2024年还是木类板块有机会，这一年就要注意上两年没有上涨的与木有关的板块机会。

由于木生火，所以，2024年火类还是相，与火类有关的板块机会还是可以的，如上两年没有上涨的与火有关的科技类股和新能源类股将要出现反弹。

那么，2024年要回避的是什么板块呢？由于2024年还是木旺，木克土，虽然理论上土类个股在2024年依然有风险，但是，由于房地产是土木工程，连续两年下跌的房地产将要出现起色。

再比如：2025年是乙巳年，乙为木，巳为火，木生火，火旺，那么，2024年火类板块将要有机会，这一年就要注意能源和氢能源等新能源有关的板块机会。

由于火生土，所以2025年土类还是相，与土类有关的板块机会将要恢复，如连续三年没有恢复的房地产个股将要出现反弹。

那么，2025年要回避的是什么板块呢？由于2025年是火旺，火克金，那么，与金有关的板块将要回避，特别是与能源和新能源没有关系的金属类个股，就要回避。如锂电池与新能源有关系，如果2025年锂电池还没有被氢能源替代，那么，锂电池还有机会，一旦被氢能源替代，那么锂电池就没有机会了 。

……

如此循环往复，我们知道每一年哪些板块将要出现机会，这是投资者必须具备的前瞻思维。这就是我们老祖宗留下的东方古典哲学的智慧。

第四节 八卦投资法

我们都知道八卦有先天八卦和后天八卦之分，无论是先天八卦还是后天八卦都是由阴阳转化出来的。

一、先天八卦

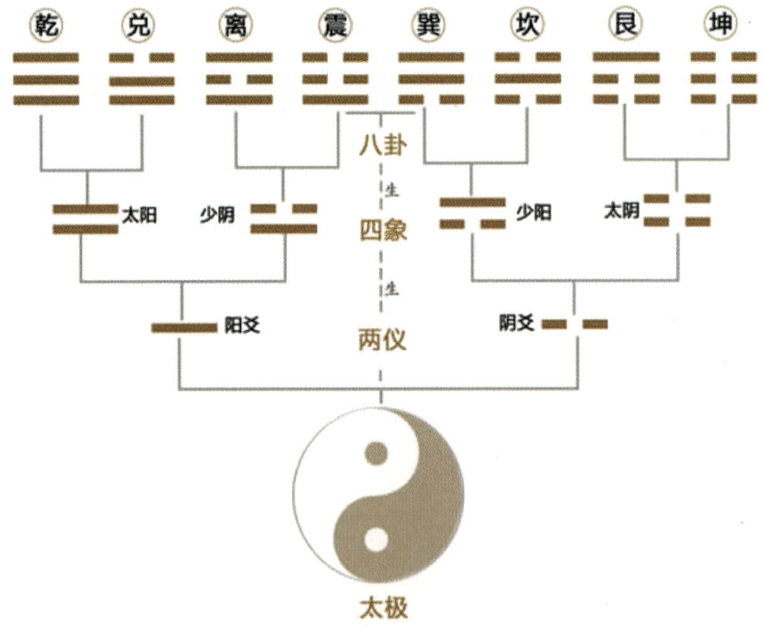

图 3－20 先天八卦图

先天八卦是宇宙形成的过程。相传来自河图，它是乾坤定南北，坎离定东西，是天南地北为序，上为天为乾，下为地为坤，左为东为离，右为西为坎。在先天八卦演变过程中，首先是太极，其次是两仪，接着是四象，最后是八卦。

故先天八卦数是：乾一、兑二、离三、震四、巽五、坎六、艮七、坤八。

先天八卦最大的应用就是在数理上。在投资领域，每一个上市公司都有一个代码，所以，这个代码就决定了这个公司未来发展变化，但是，对于这个公司的分析仅仅靠代码是不够的，还必须使用后天八卦。

二、后天八卦

后天八卦，相传来自洛书。它是坎离定南北，震兑定东西。故后天八卦的数是：坎一、坤二、震三、巽四、中五、乾六、兑七、艮八、离九。它的中间数为五，与对宫纵横相加之和为十五数。

		离		
巽	4 ☴	9 ☲	2 ☷	坤
震	3 ☳	5	7 ☱	兑
艮	8 ☶	1 ☵	6 ☰	乾
		坎		

图 3－21 八卦九宫图

那么，在投资领域应该如何应用后天八卦呢？

三、后天八卦在上升趋势应用

《易经》当中的《说卦》有一段著名的话，是讲述后天八卦如何在投资领域应用的。

原文如下：

帝出乎震，齐乎巽，相见乎离，致役乎坤，说言乎兑，战乎乾，劳乎坎，成言乎艮。

万物出乎震，震，东方也。

齐乎巽，巽，东南也，齐也者，言万物之洁齐也。

离也者，明也，万物皆相见，南方之卦也，圣人南面而听天下，向明而治，盖取诸此也。

坤也者，地也，万物皆致养焉，故曰致役乎坤。

兑正秋也，万物之所说也，故曰说言乎兑。

战乎乾，乾，西北之卦也，言阴阳相薄也。

坎者水也，正北方之卦也，劳卦也，万物之所归也，故曰劳乎坎。艮，东北之卦也，万物之所成终而所成始也，故曰成言乎艮。

在这篇《说卦》当中，古人已经告诉我们：万物是东方升起的，所以，后天八卦开始的第一卦应该是震卦。

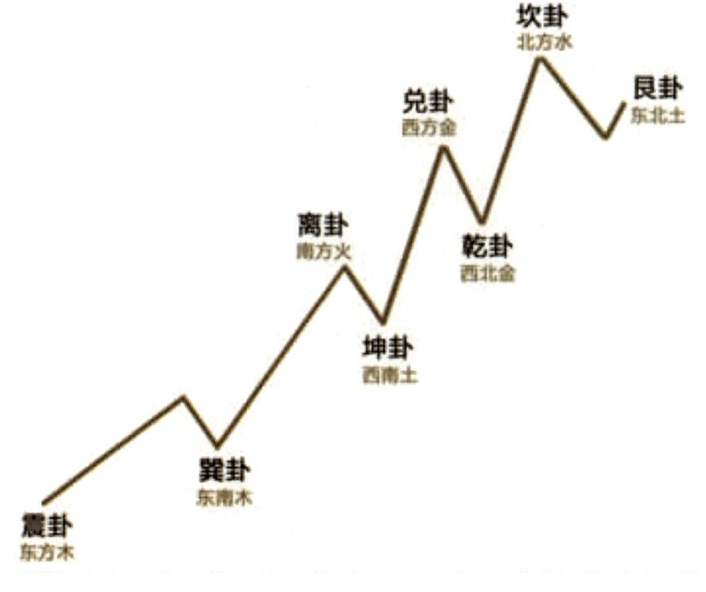

图 3－22 后天八卦相生图

从图 3－22 我们得到八卦投资法如下：

1. 投资市场底部都是“震卦”状态，“震卦”是春天东方木。其特征就是反复震荡，此时会出现“太极四渡赤水”状态，只要不创新低，那么这个位置就是市场底部状态。

2. 投资市场的“第二只脚”位置是“巽卦”状态，“巽卦”也是春天木，不过此时是东南方的木。这个时候“巽卦”要高于“震卦”，不能跌破“震卦”的低点才是“巽卦”状态。如果跌破“震卦”的位置，那么依然还是“震卦”状态。

如果确认是“巽卦”状态，那么“巽卦”的特征就表现，“巽者，风也，无孔不入”，“巽卦”就是如同风一样无孔不入，所以，此时的“第二只脚”状态就是买入、买入、买入。

3. “巽卦”之后是“离卦”状态，“离者，丽也!”“离卦”是夏天南方火，这时候所有投资者都看到了市场美好的状态，很多人能够画出趋势线了，市场的上升趋势已经明显呈现在我们的眼前了。

4. “离卦”之后是“坤卦”状态，“坤者，地也!”“坤卦”就是秋天大地准备收获的季节，这个时候所有投资者在市场回抽当中，开始怀疑自己的判断，很多人开始在夏季之后“割青苗”了，不知道未来要出现秋天收获季节，这个时候应该记住“坤卦”的特征是要学会“厚德载物”，因为秋天收获季节很快来临。

5. “坤卦”之后才是金秋收获季节的“兑卦”状态，“兑卦”是西方金，是大地收获的季节。看到“兑”相信很多人都会想到“兑现”，是的，这时要开始“兑现”我们的筹码，所以，是一个收获的季节。

6. “兑卦”之后是“乾卦”，“乾卦”也是秋天收获的季节，乾为西北金。这个时候还有很多大盘蓝筹股没有上涨，所以，此时要注意大盘蓝筹股的上涨，因为“乾卦”的特征是“天行健，君子以自强不息”，能够称得上“天行健”的只有市场的大盘蓝筹股，这个时候也是主力开始玩“声东击西”的时候，大盘指数此时开始狂涨。

7. “乾卦”之后是“坎卦”，“坎者，水也!”此时的市场就如同水的特征一样，那就是“水往下流”。这个时候也是人人惧怕的冬季，此时的市场已经充满了风险和陷阱，如果此时头脑不清醒，那么，还认为市场可能是大牛市，就会被未来的熊市所套牢，所以，此时头脑一定要清醒，看到当前市场的凶险。

8. “坎卦”之后是“艮卦”，如果说“坎卦”的凶险和陷阱你看不出来，那么，“艮卦”出现的时候，也就是市场出现了不能创新高的头部的时候，此时要明白这里就是“艮卦”的位置。

“艮者，止也!”。“艮卦”明确告诉我们要停止操作了，如果此时你还不离场，那么，牛市最后一次离场机会就在你的手中丧失了，未来就会出现熊市。

9. 注意：之所以看到上升趋势，是因为后天八卦的五行是从木生火、火生土、土生金、金生水四个过程，而市场也同样表现出来的是四波行情，当四波行情走完之后，市场就转入了下跌趋势。

所以，判断市场上升趋势的拐点就是四波行情，当上升的四波行情走完之后，市场必然出现拐点，这就是《道德经》所言：“孰知其极?”

案例1：上证指数

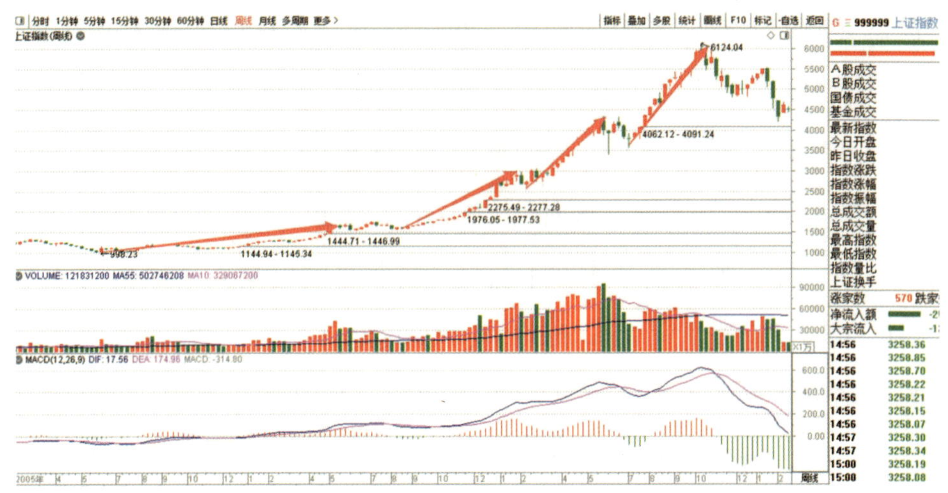

图3－23 上证指数

从图3－23来看，上证指数周线图从2005年6月10日的998点到2007年10月19日的6124点，上证指数呈现出明显的上升四波行情，当上涨四波行情走完之后，从6124点开始是一年多的大幅下跌，熊市特征转换非常明显。

案例 2：香港恒生指数

图 3－24 香港恒生指数走势图

从图 3－24 来看，香港恒生指数周线图从 2003 年 4 月 25 日的 8331 点到 2007 年 11 月 2 日的 31958 点，恒生指数呈现出明显的上升四波行情，当四波行情走完之后，从 31958 点开始市场在不到一年的时间内大幅下跌到 11015 点。

通过以上 A 股和 H 股指数的走势，我们明显看到市场的指数明显符合后天八卦投资法，市场的上升趋势是由八卦的五行相生决定的，而当五行的相生走完之后，市场就开始了下跌趋势。

那么，下跌趋势还是八卦的相生吗？

四、后天八卦在下降趋势应用

我们看到市场在上市趋势当中是八卦五行相生的关系，而在下降趋势当中，八卦五行是相克的关系。

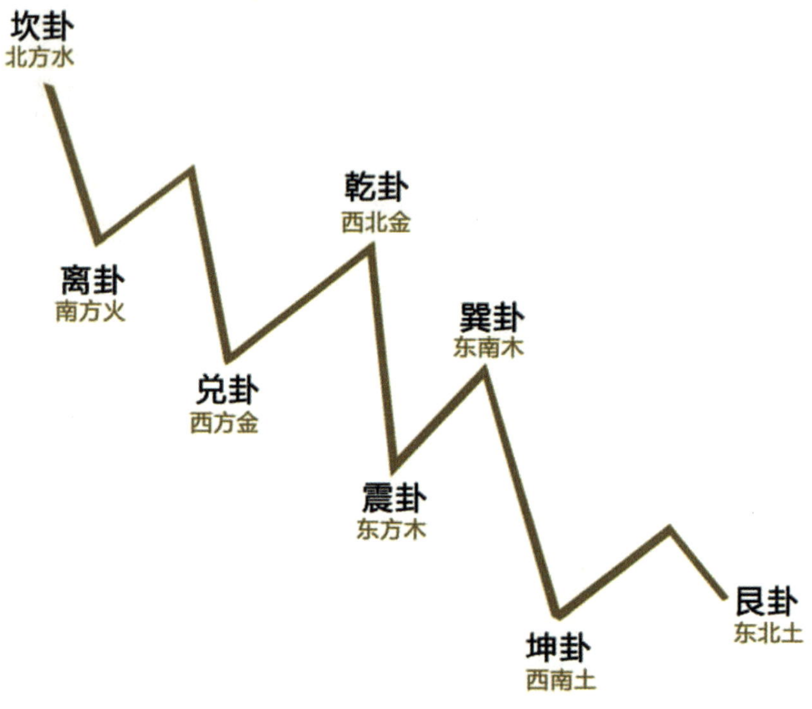

图 3－25 后天八卦相克图

从图 3－25 来看，在下降趋势当中市场的头部是从“坎卦”开始的，因为坎为水，“水往下流”。坎卦的属性就决定了市场未来是下跌的。

1. 投资市场头部都是“坎卦”状态，“坎卦”是冬天北方水，其特征就是“往下流”，此时是在“阳静四渡赤水”之后出现的“往下流”状态，前面四波行情出现之后就要小心这个头部的“坎卦”出现。

2. “坎卦”之后是“离卦”，因为“坎水克离火”。从坎到离仅仅是市场下跌的第一波行情，大多数投资者还没有感觉到市场后面继续下跌的风险，这个时候还能看出“离卦”美丽状态，有一小波反弹，但是，反弹高度始终不能突破“坎卦”的位置。

3. “离卦”之后是“兑卦”，此时“兑卦”不是让大家兑现的位置，而是“离火克兑金”，这时候市场已经出现第二波下跌行情，大多数投资者看到自己账户开始亏损了。

4. “兑卦”之后是“乾卦”，从“兑卦”到“乾卦”因为都是金的属性，所以，市场在此反弹，但是投资者要明白真正市场大幅下跌是在“乾卦”之后，这个时候盘蓝筹股要开始下跌了。

5. “乾卦”之后是“震卦”，这个时候市场开始第三波行情的下跌，这一波行情下跌速度和幅度都大于之前的两波行情，此时的“震卦”市场表现出来是震荡特征，有准备的机构投资者已经开始在这个“震卦”位置进场了，因为下一个卦是“巽卦”。

6. “震卦”之后是“巽卦”，“巽卦”的特征还是风的“无孔不入”，有准备的机构投资者已经开始进场了，因为机构投资者在市场底部不一定能够吃到足够的筹码，所以，在“震卦”和“巽卦”位置已经开始进场了。当然，个人投资者在这个位置进场还是早了一些。

7. “巽卦”之后是“坤卦”位置，此时的“坤卦”就完全是包容万象的“厚德载物”了，这个时候市场是“泥沙俱下”，市场“一片哀嚎”。但是这个时候出现了市场底部，当大多数人特别是个人投资者觉得没有希望的时候，就是市场底部来临的时候。

8. “坤卦”之后是“艮卦”，此时的“艮卦”也是“艮者，止也！”与“坤卦”一样，同样表现出来的是“土”的特征，“厚德载物”是离不开土的，同时，市场再也没有创出新低，市场也就开始新的一轮上升趋势了。

9. 注意：之所以看到市场走入下跌趋势，是因为后天八卦的五行是从水克火、火克金、金克木、木克土四个过程，而市场也同样表现出来的是下跌四波行情，当四波下跌行情走完之后，就是市场转入上升趋势的时候，同样，这里也会出现“太极四渡赤水”状态，特别是个股出现“太极四渡赤水”的可能性极大。

所以，判断市场下跌趋势的拐点也是四波下跌行情，当下跌的四波行情走完之后，市场必然出现拐点，这就是《道德经》中所言：“莫知其极”。

案例1：上证指数

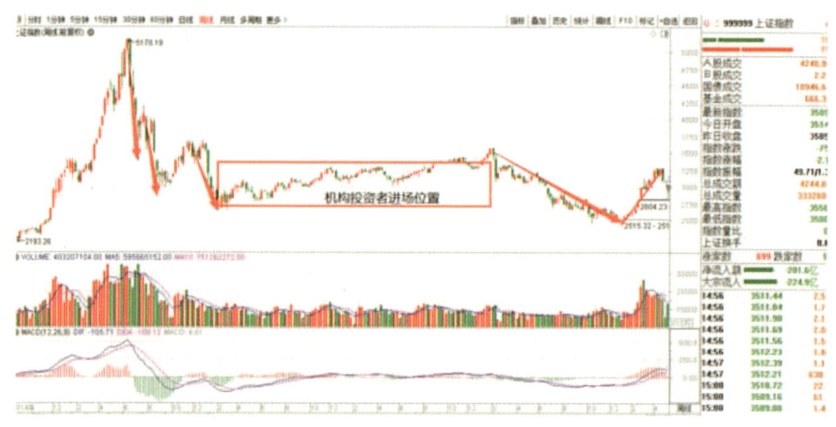

图3－26 上证指数

从图3－26来看，上证指数周线图从2015年6月12日的5178点到2018年12月31日的2440点，上证指数呈现出明显的四波下跌行情，当四波下跌行情走完之后，从2440点市场就开始新的一轮上升趋势行情。

机构投资者在第三波下跌行情出现之后的“震卦”和“巽卦”位置，就已经开始着手进场了。

案例 2：香港恒生指数

图 3－27 香港恒生指数图

从图 3－27 来看，香港恒生指数周线图从 2018 年 2 月 2 日的 33484 点到 2020 年 3 月 20 日的 21139 点，恒生指数呈现出明显的四波下跌行情，其中，第三波下跌行情并没有创出第二波下跌行情的低点，我们就认为市场在下跌走了疑似四波下跌行情。当下跌疑似的四波行情走完之后，从 21139 点市场就开始新的上升趋势行情。

通过以上 A 股和 H 股指数的走势，我们明显看到市场指数的走势明显符合后天八卦投资法，市场的下跌趋势是由八卦的五行相克决定的，而当五行的相克走完之后，市场就开始了上升趋势的行情。

第五节　趋势投资法

上节八卦相生和相克给我们带来上升趋势和下跌趋势原理的分析，那么在六十四卦当中有没有详细的卦更加细致地分析投资趋势呢？答案是“当然有”。

在六十四卦当中，真正能够诠释清楚趋势投资法的就是我们六十四卦当中的“乾卦”。

闻一多先生（《周易义证类纂》）认为乾卦里的六个御天龙和天上的二十八宿的东方苍龙星完全相关。

东方苍龙星又叫青龙星，主东方，是二十八星宿里的东方七星宿，它们是：角木蛟、亢金龙、氐土貉、房日兔、心月狐、尾火虎、箕水豹，简称为角、亢、氐、房、心、尾、箕。

而乾卦描述的就是一年四季里苍龙七星的变化，从冬季的“潜龙勿用”到夏季的“飞龙在天”，再到秋天的“亢龙有悔”，逐渐走向凛冬“群龙无首”的过程。这是个自然运转的规律，弱极而强，盛极而衰的趋势得以完美表述。乾卦的“潜龙勿用”“见龙在田”“跃龙在渊”“飞龙在天”“亢龙有悔”“群龙无首”，描述的正是苍龙七宿在四时的天象。

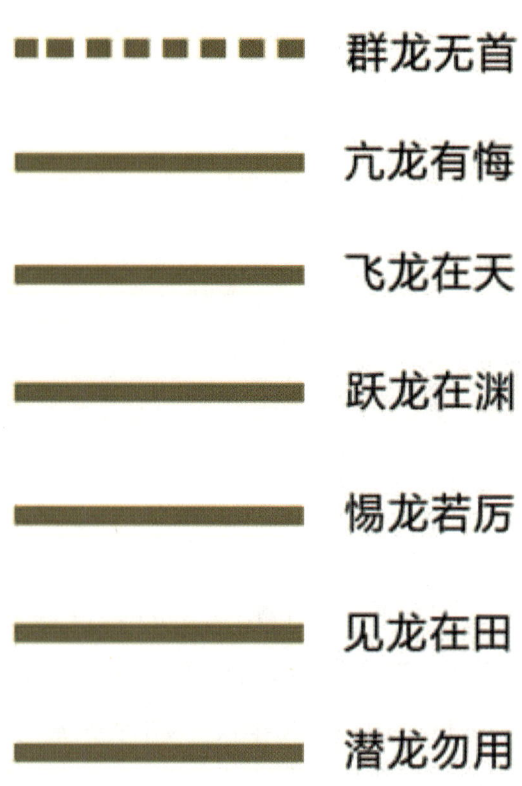

图 3－28 乾卦图

“初九，潜龙勿用”：冬天的苍龙星，潜入北方地平线下看不见了，所以，要“潜龙勿用”。如果引申到我们的投资市场上，就是我们之前和大家讲的“太极四渡赤水”的位置，也是“震卦”的位置，这个时候就要如“震卦”卦辞“君子以恐惧修行”，不要再害怕了，这个时候市场的底部很快就出现了。

案例：海特生物

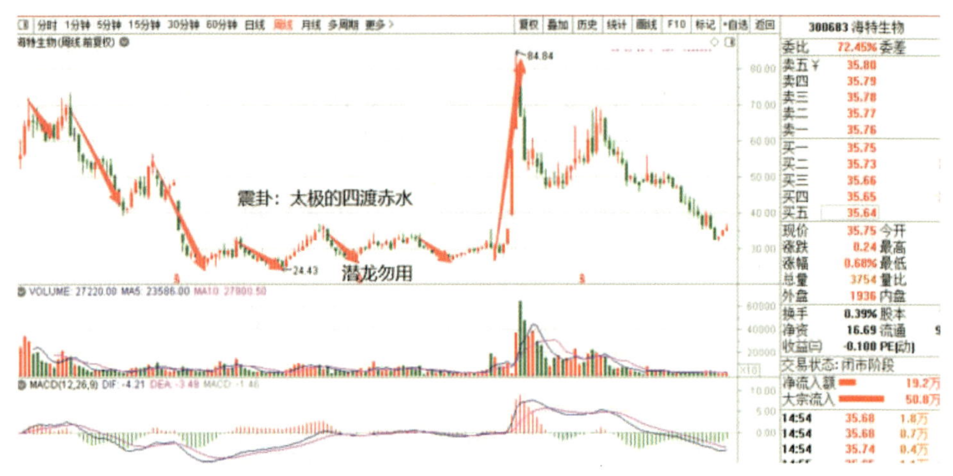

图 3－29 潜龙勿用

从图 3－29 来看，海特生物在刚刚上市的时候，就出现了四波下跌行情，而在 24．43 元的底部区域出现了“震卦的太极四渡赤水”状态，此时一定要“潜龙勿用”，不在这“四渡赤水”的时候去买入，因为一旦不明白这里的“四渡赤水”，买入之后亏损就会止损，放走真正的牛股，而应该在“四渡赤水”的“三渡”，最好是“四渡”的时候吃货，也是“巽卦”的“无孔不入”这才是真正的进场位置。

“九二，见龙在田”：仲春的龙星从东方地平线上升了起来，崭露头角，龙德显扬。老百姓所说的“二月二，龙抬头”就是这个时候。这个时候已经是“巽卦”的位置了，巽就是风，就是“无孔不入”，这个时候机构投资者一定会进场，但是，个人投资者依然认为市场还没有见底，还在观望。

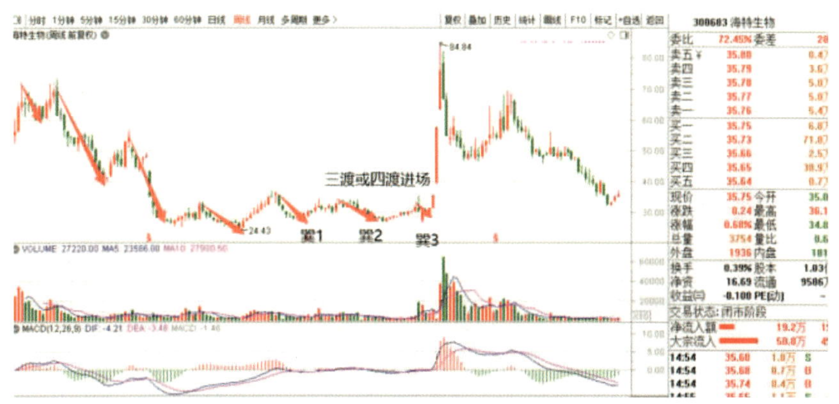

图 3-30 见龙在田

从图 3-30 来看，所谓的“巽卦”位置并不是只有一个“巽”的位置，有时候如同图 3-30 一样，有两三个“巽”的位置，但是，“巽”的位置一定要求比“震”的位置高，就是“第二只脚”。

这个时候，在“三渡”或者“四渡”的时候进场，就会出现“见龙在田”。

“九三，君子终日乾乾，惕若厉，无咎”：我们把它简称为“惕龙若厉”，季春上不在天，下不在田，故‘乾乾’。这个时候的龙未必就能“跃龙在渊”，有可能再一次掉头向下，所以，乾卦的九四才是“或跃在渊”。如果引申到我们的股市就会看到“惕龙”创出新低，再一次寻找新的底部了。

图 3－31 惕龙若厉

如图 3－31，崇达技术（002815）在前面都出现了“潜龙勿用”和“见龙在田”之后，并没有出现“跃龙在渊”，反而出现的是“惕龙若厉”，也就是说直接掉头向下，直接创了新低，这种个股并不是没有，而是有很多，所以，要小心“惕龙”，并不代表所有的个股都会从“见龙在田”一直到“飞龙在天”的。

“九四，或跃在渊”：简称为“跃龙在渊”，孟夏为春夏之交，苍龙七星宿摆脱了大地的羁绊，升上夜空。如果引申到投资市场上，就是九二的“见龙在田”并没有出现“惕龙若厉”，而是直接拉起来成为“跃龙在渊”。这个时候就是“离卦”的位置，市场已经明显形成了底部，形成一波明显上升行情。

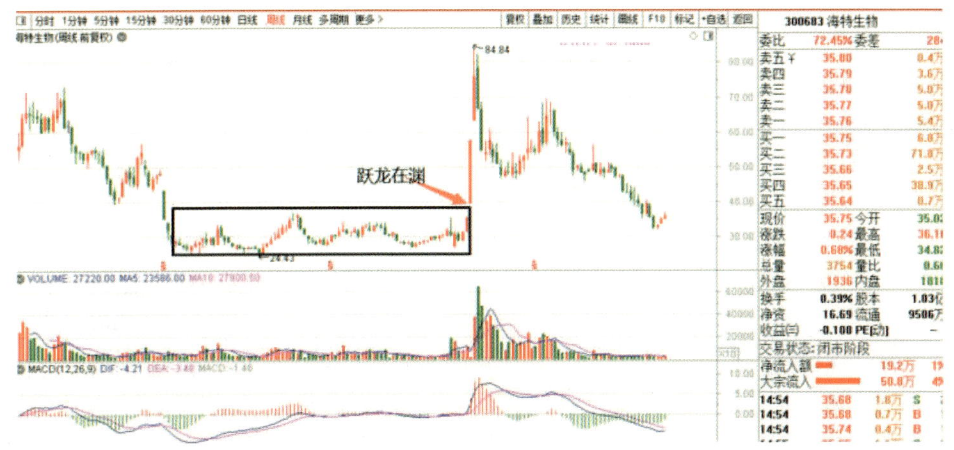

图 3－32 跃龙在渊

所谓的“跃龙在渊”的“渊”就是底部横盘整理平台，如图 3－32 的海特生物所示，股价只有突破底部整理平台之后才是“跃龙在渊”，然后就进入了“飞龙在天”。

“九五，飞龙在天”：仲夏的龙星飞跃于正南的夜空，此时，龙星升到了一年中的正南中天高位，故称“飞龙”。这个时候就是“兑卦”位置，飞龙在天之后，一定要兑现。

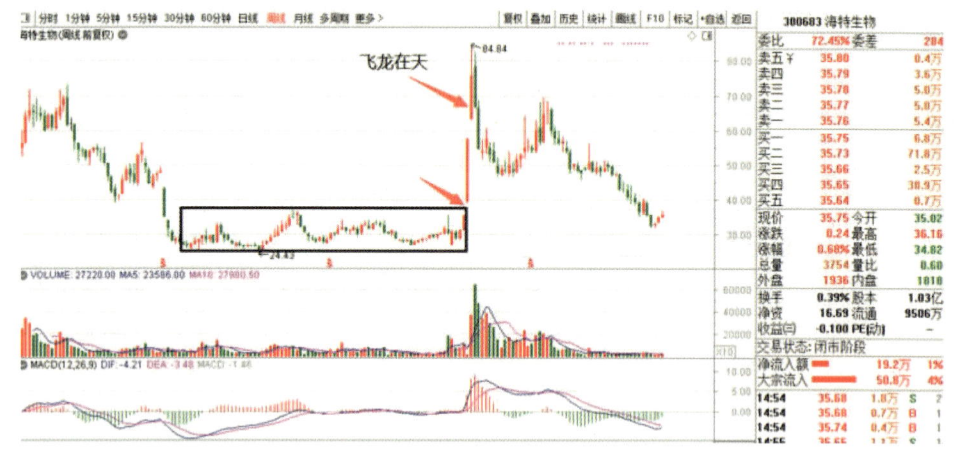

图 3－33 飞龙在天

从图 3－33 来看，股价在“跃龙在渊”之后，就是“飞龙在天”，股价连续快速上涨，A 股就是连续涨停板，这个时候一定要记住“兑现”，即使不全部卖出也要减仓一部分来“兑现”我们的利润。

“上九，亢龙有悔”：季夏为夏秋之交，苍龙七星宿开始从最高点掉头向西下降，故称“亢龙”。这个时候就是“坎卦”的位置，要明白这里是头部了，不能再犹豫了，一犹豫就会后悔的。

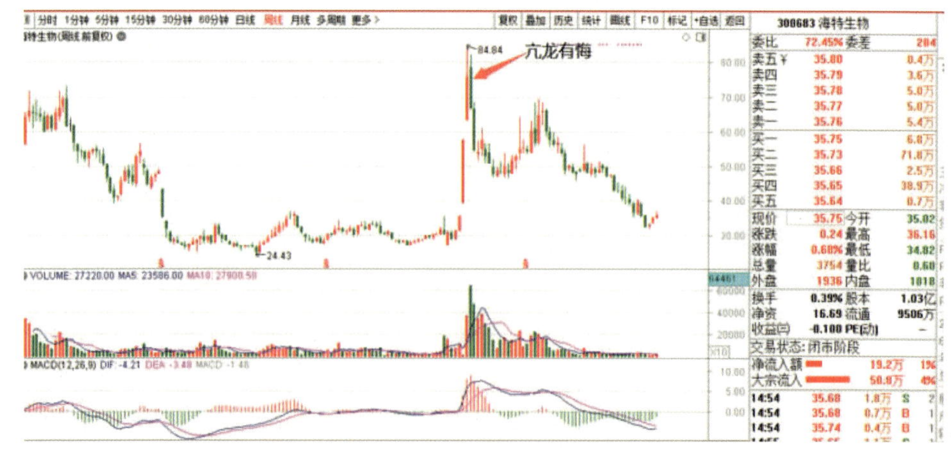

图 3－34 亢龙有悔

如果之前不“兑现”，那么，现在就是“亢龙有悔”，开始后悔了，因为龙已经开始掉头向下了，出现这根大阴线的时候就是龙掉头向下了，也是很多人开始后悔的时候了，所以，之前在“飞龙在天”的时候一定要“兑现”。

“用九，群龙无首”：季秋九月，戌在西北方，处洛书乾卦之位，戌为火库，“大火”入库，季秋戌月龙心（心宿）随苍龙群星前面的龙首角宿等几个星宿在西偏北方位隐退潜入地面，故称“无首”。所以，这个“群龙无首”并不是说群龙没有龙头，而是龙头开始进入地面以下，我们观星已经看不到了，所以，感觉是“群龙无首”。这个时候就是“艮卦”的位置，此时必须停止操作，因为后面就是熊市。

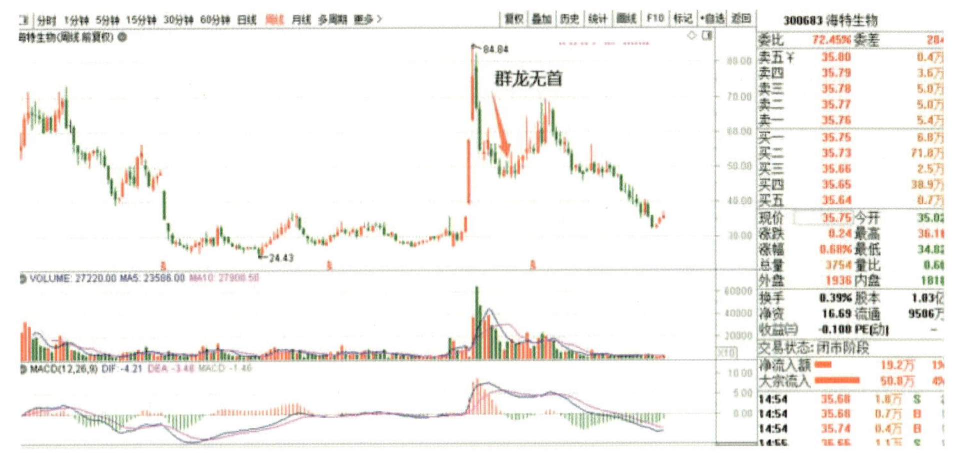

图3-35 群龙无首

如果没有在"亢龙有悔"之前"兑现",即使后悔也没有用,下一步就是"群龙无首",已经看不到龙头了,不过"亢龙有悔"之后,还有一次反弹的机会可以离场,但是,这次反弹不会创出"飞龙在天"的龙头位置了。

所以,乾卦的核心思想就是:在最有利时机,做最合适的投资选择。不要一味刚强,该潜的时候就潜,该进场的时候就进场,该兑现的时候就兑现,该止步的时候就止步,否则,不该后悔的时候就后悔了。也不要一味地柔顺,该飞的时候就飞,该兴云吐雾的时候也要当仁不让。

乾卦是六十四卦当中最能揭示趋势投资秘诀的一卦,那么,有没有一卦能够给我们揭示价值投资的秘诀呢?

第六节　价值投资法

上一节我们分析了乾卦的六龙御天的趋势投资法，这一节我们继续和大家分享价值投资法。

一、价值投资的缘起

价值投资的概念来源于美国的格雷厄姆的价值投资理论。世界投资大师巴菲特就曾经高度评价格雷厄姆："过目不忘，对新知识如饥似渴，用巧妙的方法融合貌似无关的问题，他的每一个思考细节都因为这些能力而熠熠生辉。"

格雷厄姆到底是用了什么方法巧妙地融合了貌似无关的问题？那就是哲学。尽管西方哲学与东方哲学有差异，但它们也有异曲同工之妙。

目前已经有学术研究支持价值投资理论，提供可重复验证的统计检验、实证检验或数学证明。但是，那些直接受教于格雷厄姆的投资人谨慎地解释说，格雷厄姆和多德的《证券分析》和格雷厄姆个人的《聪明的投资者》并不是投资实验手册，不是数学命题，而是基于哲学思想而阐述的。因为价值投资法没有趋势投资法那样有步骤一、步骤二和步骤三。

格雷厄姆所训练出来的投资大师都是能使用哲学演绎的方法来独

立思考运营投资的，而不是去使用归纳法来指导投资的。

演绎法和归纳法是能够引导投资者思维的非常重要的哲学思维。如果思维错了，那么投资者的买卖行为就是错的，所以，在投资思维当中的演绎法和归纳法就非常重要了。

二、聪明的演绎法

哲学上的演绎法也叫演绎推理，就是从“一般”的前提出发，通过推导即“演绎”，得出具体到“个别”结论的过程。如果应用到股市当中，那就是从大盘指数到个股的推演过程。

这个前提和结论之间是具有必然联系的推理。演绎推理就是前提与结论之间具有充分条件或充分必要条件联系的必然性推理。

演绎推理的逻辑形式对于理性的重要意义在于，它对投资者的思维保持严密性、一贯性有着不可替代的校正作用。这是因为演绎推理保证推理有效的根据并不在于它的内容，而在于它的形式。

演绎法的思维告诉我们：在股市当中，我们首先必须要能完全明白大盘指数这个“一般”的前提，只有对大盘指数这个前提完全看明白了，我们才能看清股市，才能到具体到“个别”的股上。

更为关键的是，大盘指数是我们控制市场风险的依据，也是我们控制投资账户风险的依据。比如，在熊市当中，即使买入有价值投资的个股也可能是亏的，因为在熊市当中，主力是不会大肆做股票的，所以，要控制仓位，甚至离场。

所以说，演绎法是聪明的投资思维。

三、愚蠢的归纳法

哲学上的归纳推理是一种由“个别”到“一般”的推理，进而总结出来规律性结论。

自然界和社会中的“一般”，都存在于个别、特殊之中，并通过“个别”而存在。“一般”都存在于具体的对象和现象之中，因此，只有通过认识“个别”，才能认识“一般”。人们在解释一个事物时，从个别、特殊的事物总结、概括出各种各样的带有一般性的原理或原则，然后才可能从这些原理、原则出发，再得出关于个别事物的结论。①

为了总结自然界和社会规律性的东西，用归纳法思维没有错。但是，在股市当中，规律性的东西就是股市大盘指数，因为，大盘指数是从众多个股归纳出来的，所以，这个过程的归纳思维我们不需要做。我们要想看懂股市的规律，研究大盘指数就行了。很多投资者在股市上投资就直接使用归纳法思维，比如：脱离价值投资的“内在价值”，仅仅在形态上研究过去相似的 K 线走势图，以此来预测一只股票的未来走势，这岂不是如同“感恩节上的火鸡”。所以说，归纳法思维就是“感恩节上的火鸡”，最终被杀掉了，所以，归纳法是愚蠢的。

四、价值投资的内涵

格雷厄姆认为，价值投资就是用等于或低于其“内在价值”的价格买入证券。买入之后可以一直持有，直到有“充分理由”把它们卖掉。然后把投资转向另外一个内在价值被低估的证券上。

“内在价值”和“充分理由”，这是两个非常关键的词，只有真正

① 摘自《云掌财经》的《投资的演绎法和归纳法》，博尔量化，2020，4，20。

搞懂这两个词的内涵，才能明白什么是真正的价值投资。

（一）内在价值

格雷厄姆并不是发明“内在价值”这个词的第一人，但他的教学和写作赋予了这个词更丰富的含义。

其实早在1848年，“内在价值”一词的使用已经和股市相联系了。威廉·阿姆斯特朗就曾把“内在价值”作为决定证券的市场价格的主要因素之一。

“内在价值”的概念在美国的查尔斯·道担任《华尔街日报》的编辑兼专栏作家时被进一步巩固。查尔斯·道以研究股市运行而闻名，他也不断告诉投资者，股价的涨跌其实源自投资者对于一个公司未来的获利性的认知－－换句话说，就是对股票的“内在价值”的认知。①

从以上表述我们可以得知：“内在价值”与一个公司的“未来盈利”有关系。有的人一定在想，是不是“未来盈利”就是市盈率啊？

市盈率在投资不断实践的过程当中，可以完全验证是一个“伪概念”，也就是说，市盈率并不能正确评估一个证券的“内在价值”。

那么，到底什么是一个证券的“内在价值”呢？

我们可以说“未来盈利”仅仅是“内在价值”的一部分，并不是全部，笔者认为，“内在价值”由以下三个方面构成：

内在价值＝未来盈利＋盈利资本＋主力成本

说市盈率是实践上投资的伪概念，这是因为仅以市盈率来判断一个上市公司股票的价格，完全判断不准。市盈率在1000倍以上的股票依然在不断上涨，一个上市公司未来能够不断盈利才是首先要考虑的

① 摘自《百度》的《价值投资理论》，2016，9，2。

因素。

第二个因素是能够盈利的资本。现在是规模经济时代，大家都明白，公司资本是能够保证盈利非常重要的因素，没有资本再好的项目也无法运营下去，也就是说，能够真正用在盈利上的资本才重要。比如，有的上市公司财务费用很大，那么这个公司花在融资上的费用太多，这样公司最后很难有盈利；再比如，有的上市公司管理费用很多，说明这家公司开支过大，不是脚踏实地的公司，即使盈利很多，最后也可能会被这些管理人败坏掉。相反地，有的上市公司销售费用很大，这说明两点：一是这个公司敢于在销售渠道上花大成本，在为未来公司盈利做准备；二是如果不是真正用在销售上的费用，公司敢做销售费用很大，比如：有的上市公司销售费用是56%，说明这个公司的财报在隐瞒利润，那么，投资者再去探寻背后的目的到底是什么呢？您就知道应该怎么做了。

仅仅有以上两个因素还不够，投资者必须明白主力成本是多少，您可以不知道这只股票的主力是谁，但是，您必须知道它的成本到底是多少，这样您才能判断出来这只股票目前价格是不是等于或低于“内在价值”，如果是这样分析您才是“价值投资”者。

案例：中芯国际

图 3－36 中芯国际

从图 3－36 来看，中芯国际从 2020 年 7 月 16 日上市以来，从高价 95 元一直下跌到 2020 年 9 月 29 日的 49．45 元，之后开始长达 6 个月时间的“太极四渡赤水”之象，我们就可以判断中芯国际二级市场主力成本在 50 元左右，之后看到回抽到 52 元的两个低点附近就要吃货，按照“太极四渡赤水”的原理，中芯国际有 1～2 次回抽到 52 元附近或者打破 52 元的走势，无论是打破 52 元还是不打破 52 元，都应该在这个附近开始吃货。

【利润表摘要】

指标（单位：万元）	2020-09-30	2019-12-31	2018-12-31	2017-12-31
营业收入	2079965.90	2201788.29	2301670.68	2138982.24
营业成本	1569798.40	1743077.63	1771831.79	1609395.14
营业费用	12009.60	18225.99	19004.57	22850.52
管理费用	115748.50	151779.91	115934.88	112022.29
财务费用	-87334.80	-56126.57	-9676.76	18459.28
投资收益	27291.50	84693.82	-27043.91	1292.47
营业利润	332543.90	143218.31	45511.18	91253.83
营业外收支净额	-1108.80	-518.58	127.72	127.61
利润总额	331435.10	142699.73	45638.91	91381.43
净利润	308018.90	179376.42	74727.83	124499.06

图 3－37 利润表

从图 3－37 来看，中芯国际的财报上很完美，营业费用和管理费用稳定，分别占营业收入的 0．57% 和 5．56%，非常正常，更为可贵的是财务费用连续 3 年都是负的，说明公司在融资上并没有大量举债，资产负债率只有 27．4%。

这样的公司目前价格就在“内在价值”范围之内，所以，值得重点关注。

（二）充分理由

所谓的“充分理由”，就是当投资者买入了具有“内在价值”的股票出现“估值高位”的时候就要卖出这只股票。

这里的“估值高位”对很多投资者而言，也是一个“伪概念”。到底市盈率多少是“估值高位”呢？是 20 倍、50 倍，还是 100 倍呢？

比如，2020年的贵州茅台，当股价在1000元的时候，市盈率已经38倍了，很多个人投资者都预测高了，而机构投资者认为还会涨到2000元；等涨到2000元的时候，机构投资者再一次预测会涨到2500元；当涨到2600元的时候，市盈率已经是100倍了，机构投资者还在预测会涨到3000元，结果涨到2627元，贵州茅台开始下调。

贵州茅台告诉我们，不管是个人投资者还是机构投资者在“估值”上都在犯错误，也就是说，这个“充分理由”和“估值高位”是一个模糊的概念。

其实，这个“充分理由”一定有人知道，那就是主力，当主力依据“内在价值”买入一只股票持有到完全获利的时候，他们必然会获利套现，当他们把手头上的筹码完全卖出之后，那么，这个“充分理由”就出现了，至于“估值”多少倍无所谓，只要筹码能完全获利3倍、5倍、10倍都可以。如果不能在获利的时候完全变现，即使曾经获利20倍也是纸上富贵。

所以，价值投资必须研究主力，和主力交朋友，与主力共舞。

五、东方价值投资哲学

价值投资与趋势投资就如同演绎法和归纳法一样，这原本是两种依赖于投资思维来指导投资的方法，但是，这两种思维毫无疑问都是要上升到哲学的高度，如果不站在哲学的高度，那么就无法指导投资者投资的行为。

所谓的价值思维，就是选定一件值得做的事，长期坚持，一直不改换方向；当然在投资当中，要注意买入的节点和卖出的时机，而不是不改变方向，一直做下去。

而所谓的趋势思维就是一直紧跟趋势，什么趋势、行情好，就紧跟什么。要想能够做好趋势投资一定要具有前瞻的思维，没有前瞻思维仅根据什么趋势好就跟什么，在投资市场也不会是赢家。

这个前瞻的思维离开东方古典哲学《易经》，几乎说是不可能塑造的。

东方古典哲学《易经》是如何指导价值投资思维呢？

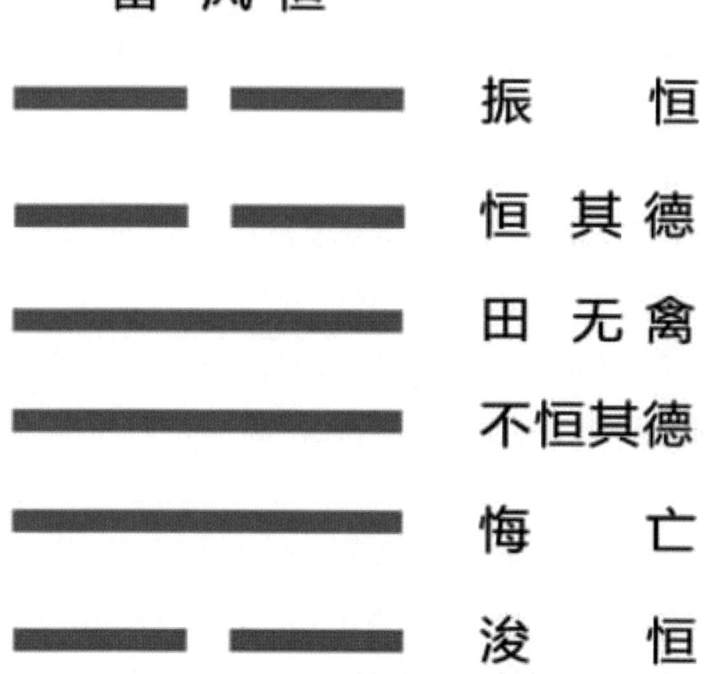

图 3 – 38 恒卦

从图 3 – 38《易经》恒卦来看，第一步就是“浚恒”，浚字本意就是疏浚河道的意思，在投资市场引申为我们要恒心。

第二步是“悔亡”，并不是说我们把恒心的河道挖出来就有收获了，很多人想做价值投资同时很快就有收获的话，那么，此时就会后悔了。因为价值投资不是马上就能见到成效的，不如做短线来钱快，如果您这样想，那么您就会“不恒其德”，会放弃做价值投资了。

第三步是“不恒其德”，“悔亡”之后必然是开始怀疑价值投资了，因为没有收入而悔亡，到底是做价值投资还是不做价值投资？自己心里就在衡量，最后是决定不做价值投资了，还是做短线吧。

第四步是“田无禽”，做了一段时间价值投资之后，因为没有收入后悔而改变价值投资策略，最后发现自己还是“田无禽”，没有收获。

第五步是“恒其德”，由于自己没有稳定的恒心，做了一段时间价值投资之后改变策略，导致自己还是没有收获，再一次坚定自己做价值投资的恒心，所以第五步是“恒其德”。

第六步是“振恒”，振是振奋的意思，由于自己坚持价值投资策略，最终还是因有了收获而振奋，所以，做价值投资的人一定要有恒心，恒其德才可以。

当然，仅仅依赖价值投资而忽略趋势投资也不是完美，最完美的投资是用价值投资思维选择有“内在价值”的个股，用趋势投资思维把握主力成本、进场时机和离场时机。

六、西方价值投资哲学

英国思想家以赛亚·柏林曾提过这样的哲学概念：狐狸和刺猬，指的就是信奉价值投资和趋势投资这两种人。

信奉价值投资思维的人，他们就是“刺猬”，一辈子只做一件事——那就是价值投资，并把这件事做到极致。

信奉趋势投资思维的人，他们就是“狐狸”，什么都会，每过一段时间就换一次方向，随时迎接新的投资方式。

这两种投资思维方式在投资当中都存在，且各有道理，都有很成功的案例。

但是，这两种投资思维方式各有优缺点：

1．价值投资思维的优缺点

价值投资思维的基本逻辑：“咬定青山不放松”。

这类投资人对自己的道路选择非常自信，且非常执着于自己的选择，坚持不懈，不达目的誓不罢休。

坚持价值思维的人主要优点在于：

（1）不折腾，容易专注。

因为对自己的事情有自信，所以不焦虑。因为不乱折腾节省了大量时间，因而能够更专注做事，不断提升自己。

如此形成一个循环：专注—不折腾—越做越精—无人超越—形成壁垒—更加专注。

（2）不绕弯路。

不焦虑的人最大的优势在于不用绕弯路。这类人一旦选定道路，就一条道走到底。

但是，信奉价值投资思维的人需要具备三项基本素质，否则一旦选错道路对于价值投资者而言就是毁灭性打击。

这三个必需的基本素质是：

①极强的决策能力。

就如同前面所说，价值投资必须知道主力成本，而这需要适应第一性原理来辅助判断决策。

第一性原理又叫第一原理，是由古希腊哲学家亚里士多德提出的，即“每一个系统中都存在一个最基本的命题，它不能被违背或删除。”

这个原理得益于特斯拉汽车公司的 CEO 埃隆·马斯克曾经大力推崇的，“通过第一性原理，把事物升华到最根本的真理，然后从最核心处开始推理”。

而老子在《道德经》第六十三章也说道：“天下难事，必作于易；天下大事，必作于细。”也是告诉大家从最核心的精细处开始。

在股市当中，所谓的第一性原理就是把主力成本细分到不能再分的时候，就可以判断一只股票的主力成本到底是多少。

比如，一个公司生产的产品是黄金首饰，投资者要细分买入黄金原料是多少钱？加工费是多少钱？仓储是多少钱？包装是多少钱？等等，最后组合就是一个产品的成本。

而主力成本就是一个上市公司盈利成本 + 资金成本 + 筹码成本，通过这些就可以分析出一只股票的成本。

②耐心。

耐心才能听到财富的声音，一个投资者连最起码的耐心都没有，总是梦想今年就要翻番，甚至是今日买入明天就要涨停板的，没有价值投资长期做局的思维，怎么能做好价值投资呢？最后，您会发现，不但没有赚到金钱，反而是损失严重。

③自制力。

无论是生活还是投资，很多人都不能坚持到最后，半路去绕路，最后还是一事无成。

千万不要对自己的定力盲目自信，“傻傻地等待”，说着容易做起来难。

2. 趋势投资思维的优缺点

趋势投资人有两个优点：

（1）不煎熬、不痛苦、不纠结。

因为永远跟着趋势走，没有烦恼，不用担心错过风口。但是，需要一个条件，就是要具有前瞻思维，否则，依然还是煎熬的、痛苦的和纠结的。

（2）可以随时纠错。

现在互联网公司信奉：“小步快跑，快速迭代”。如此一来，就可以在过程中随时调整以化解风险。但是，在投资当中，如果没有六龙御天思维，老是纠错也是徒劳的。

要形成合格的信奉趋势投资思维的“狐狸”型人格，也需要具备两项基本素质：

①极强的信息获取能力，对外界的依存度比较高，需要实时关注外界信息动向。

②很强的反直觉思维，如果获取信息的圈子和反直觉思维不行，不要做跟趋势的人，否则很容易掉进陷阱里。

高维度的投资者：兼顾价值投资和趋势投资思维办法

两种思维各有优劣，关键在于选择适合自己的思维方式。如果能够兼顾这两种思维，那么就是高维度的投资者。

比如，选股用价值投资思维来做，而买入和卖出时就坚守六龙御天的趋势投资思维，最晚在“亢龙有悔”和“群龙无首”的时候，离场才是高明的投资者。

高维度投资者的做法是各取所长：价值投资思维，专注、不折腾；趋势投资思维，随时纠错。

比如，对个股发展，坚持用价值投资思维判断；对于行业发展，用趋势思维的判断也是不错的投资手法。

这样在个股选择和大方向判断上都能站在赢面大的一边，做对自己最有利的选择。

第七节　易解企业生命周期

我们懂得了价值投资之道，但是，一个真正有价值投资的企业，它的生命周期必须足够长，即使不是百年老店，但起码也要几十年，不能仅仅存活几年就完了。那么，我们应该如何分析一个企业的生命周期呢?

企业的生命周期

生命周期（Life Cycle）的概念应用很广泛，在心理学上主要是指人的生命周期、家庭的生命周期和企业的生命周期，是一个从出生、成长、衰老、生病到死亡的过程。

世界上任何事物的发展都存在着生命周期，企业也不例外。企业生命周期如同一双无形的巨手，始终左右着企业发展的轨迹。

所谓“企业的生命周期”，是指企业诞生、成长、壮大、衰退甚至死亡的过程。虽然不同企业的寿命有长有短，但各个企业在生命周期的不同阶段所表现出来的特征却具有某些共性。了解这些共性，便于企业了解自己所处的生命周期阶段，从而修正自己的状态，尽可能地延长自己的寿命。

企业生命周期问题所运用的基本思想—生命周期的思想，不仅可以运用在理解企业生命现象上，而且还可以运用在与企业经营有关的很多方面上。例如：最常见的是对产品生命周期的探讨，产品生命周期问题会自然影响企业的寿命周期，尤其是对那些单一产品的企业而言更是如此。①

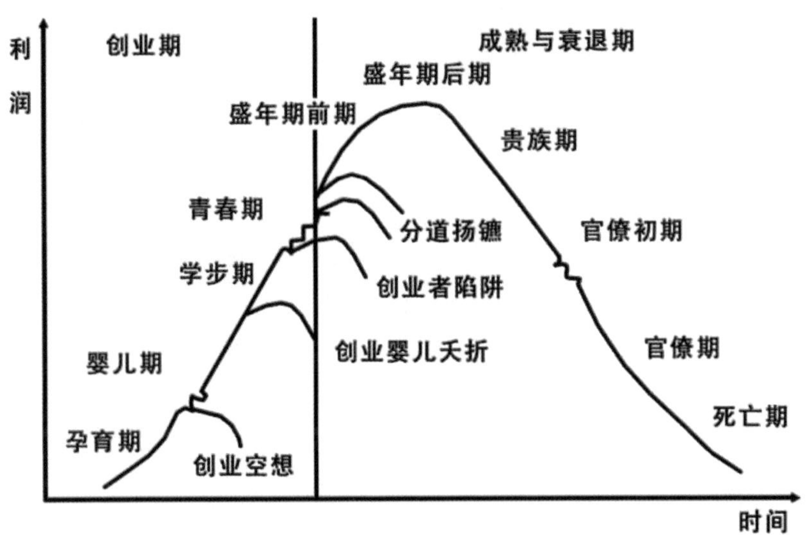

图 3－39 企业的生命周期

从图 3－39 来看，有的企业在创业孕育期阶段就已经是“创业空想”；还有一部分企业是在创业婴儿期就“夭折”了；还有一部分企业在学步期出现“创业者陷阱”而没有识别，最后掉进了陷阱；还有一部分是在创业青春期就“分道扬镳”了，非常可惜。

只有少数企业能够进入创业的盛年期，最终成功，但是，在成功之后，经过贵族期、官僚期的两个衰退期之后，就是死亡期。

① 摘自《百度文库》的《企业生命周期》，2019，1，24。

有没有可能企业真正是百年老店，而不会发生灭亡的风险呢？答案是当然有，那么，怎么才能让我们的企业生命长青呢？

一、易解企业决策系统

所有企业不管是在哪一个阶段出现问题，最终都是因为这个企业的决策系统出现了问题完蛋的，如果企业的决策系统没有问题，即使领导系统和执行系统出现问题也好调整。一旦决策系统出现问题，决策错误最终将导致一个企业灭亡。早决策错误就会在创业婴儿期或者学步期灭亡，晚决策错误就会在创业的青春期灭亡，有的企业是在鼎盛之后的衰退官僚期出现决策错误而灭亡的，那么，我们应该如何避免这些现象呢？

在《易经》的六十四卦当中，涉及企业的决策系统的卦只有巽卦和夬卦，从这两卦当中我们如何学到决策系统的真谛呢？

（一）随风巽卦：高效决策的三大方法

巽卦在八卦当中寓意是最丰富的，除了卦象表示风和木之外，它还有三层含义：

第一，风表示教化，就如同春风可以化雨一样，由此延伸含义为领导下达命令，也叫申命，所以这一卦是企业的决策系统。

第二，巽卦的“风”的特性是“无孔不入”，表示投资上的“买入”和企业的“执行”的意思；

第三，巽卦“木”的特性是温柔、顺利的意思。

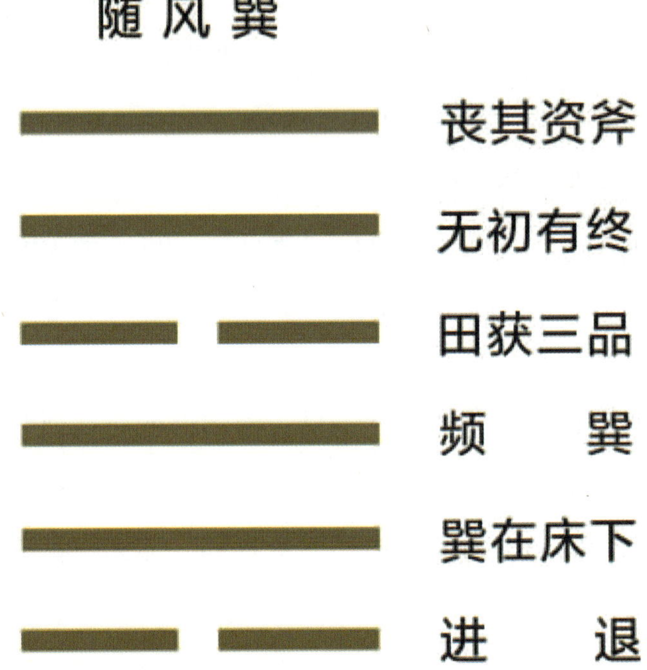

图3－40 巽卦

从图3－40巽卦的卦意来看，巽卦的决策系统是有选择余地的，从“进退”到“田获三品”“无初有终”，说明选择还是有收获的。

企业做决策就是为了选择最优，然后坚定地执行，令行禁止，如同巽卦的初六“进退”不定的时候，就需要巽卦的决策系统。但如果想要真的达到巽卦追求的令行禁止的效果，决策必须得有理有据，否则，就会满盘皆输。

巽卦的心法：从决策到战略

1. 决策的三大特点

①一切管理学的本质，就是把决策行为和执行行为分开。决策的

人负责决策，执行的人负责执行。

②决策的人和执行的人互相之间不干扰。

③决策追求的是信息全面，然后选一个最优方案；执行追求的是多快好省，以最小的代价完成决策的目标。

2. 战略：高维度决策

战略是比决策高一个维度的行为，它不仅是选择最优解，还有一整套方案，要完成一个更高的总体目标。

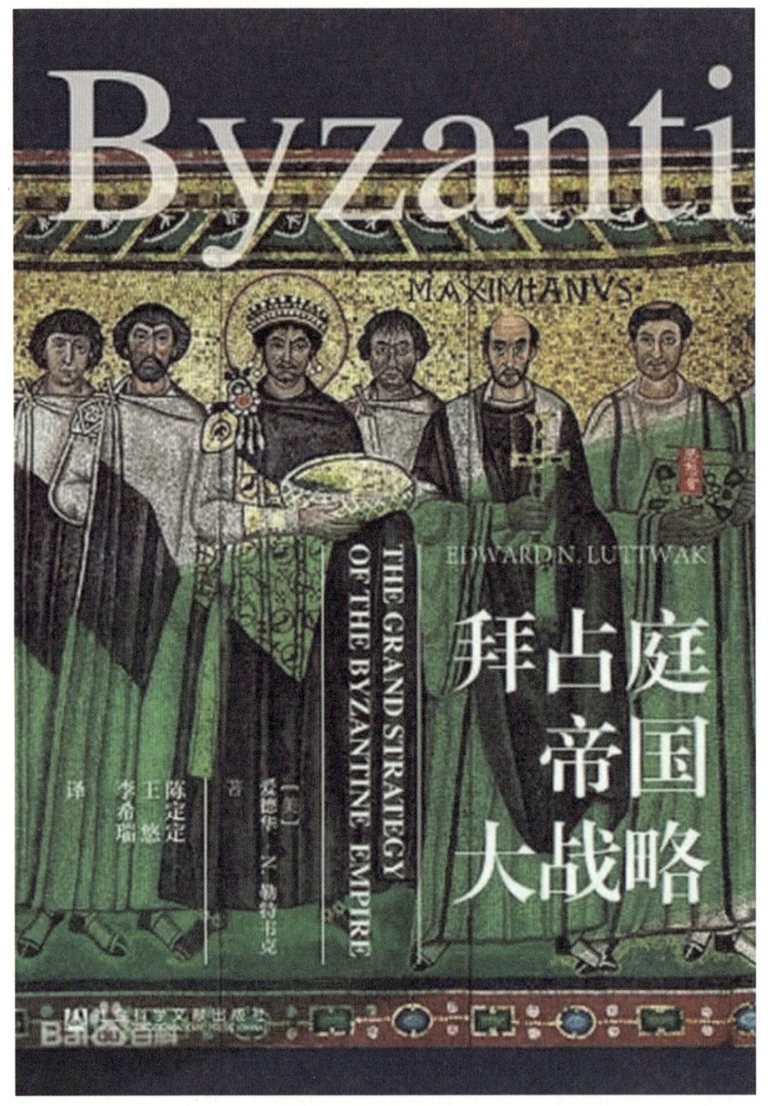

图 3－41 拜占庭帝国大战略

《拜占庭帝国大战略》是一本由美国的爱德华·N. 勒特韦克所著的书，由中国社会科学文献出版社出版，是目前市面上讲解战略非常清晰的一本书，下面就以这本书为切入口，重点分析一下企业的“大战略”思维。

欧洲之前就是一个罗马帝国，罗马帝国是在公元3世纪开始衰落，经常遭遇北方游牧民族入侵。

为了抵御外族的入侵，罗马帝国的皇帝把国家分成东西两部分：西边罗马帝国负责对付北方蛮族，东边罗马帝国负责对付西亚强国。但是，西罗马帝国没有抵抗住北方蛮族的入侵，后来灭亡了，德国、法国、西班牙、意大利就是从西罗马帝国分裂出来的。

而东罗马帝国就是拜占庭帝国，后来又存活了1058年，算上之前的罗马帝国时期，有将近1500年的历史。拜占庭是欧洲历史上迄今为止存在时间最长的一个国家。

拜占庭核心统治区在希腊和土耳其，东边是波斯和阿拉伯国家；南边是埃及，北边是蛮族，西边还有日耳曼人、哥特人、匈奴人等西欧国家的人。

拜占庭的战略大转型

在德国、哥特人、匈奴人的轮番入侵下，拜占庭日渐衰败，最后向匈奴投降。

后来的匈奴王，大汗“上帝之鞭”阿提拉死后，拜占庭利用这个时机，变换战略，不仅为自己争取到了喘息的时机，还一举翻盘成为帝国赢家。

具体的四个战略如下：

1. 改换战术：打不过你，我可以变成你。

最简单的战术就是向竞争对手学习，学习游牧民族生存之道。放弃阵地战，改步兵方阵为骑兵队。

企业也是一样的，在自己还不是强大的时候，必须好好学习自己的对手，最终“弯道超车”才是必然的结果。

2. 搭建情报系统。

拜占庭人在与匈奴人接触的过程中，意外发现了情报系统的重要性，所以，前后花了十年多时间陆续搭建了一个情报系统：

①组建军事小分队，挑衅对手，打探敌情。

②派遣特派员深入敌后，到对方的腹地去观察具体情况。

③派驻外交使节，联络和策反。

最后用情报系统收集来的情报辅助作决策。

3. 制定总体战略：让自己永远立于不败之地。

这是最重要的战略方法，在这个总体战略下，拜占庭制定执政思路：外交优先于军事，把钱花在外交上，不花在战争上。

基本执行策略就是：

①团结敌人的对手。

拜占庭的外交人员泽马乔斯绕道整个西亚，跑到中国这边和突厥汗国结盟，类似我们春秋战国时期的“合纵连横”。此法西汉时期的汉武帝也用过，派张骞出使西域让他去找大月氏，联合大月氏对付匈奴。因为大月氏在匈奴的西边。

②策反敌方的盟友。

在企业决策系统当中，就是策反竞争对手企业的供应商和客户，瓦解他们之间的合作关系。

③煽动对手内部的分裂势力。

任何一个组织不可能是铁板一块，都是有裂痕和分歧的，只要能够找到这个裂痕和分歧，就可以煽动对手内部的分裂势力。

4. 用最小成本解决问题：用宗教、仪式感、头衔等虚的东西笼络人心。

所谓的大战略就是学会计算成本、概率和赢面，每一次都让自己立于不败之地。

企业要想让自己能够长青，必须时刻知道自己的成本是多少，营业收入多少，才能实现自己企业的盈亏平衡和盈利要非常清晰。

修建索菲亚大教堂，用宗教手段感化匈奴人；修建金碧辉煌的首都君士坦丁堡，用仪式感来震撼匈奴人；给对方发荣誉国民、荣誉市民等头衔。

总结一下，高效决策的三个方法：

①搜集情报，找到最优解；

②同时制定一个大战略目标；

③学会计算成本，用最低代价解决问题。

（二）泽天夬卦：如何利用增量思维来决策

人生中的许多事情和企业的决策系统并不是不知道该选择 A 还是选择 B，而是选来选去都觉得不对，感觉无解。就如同夬卦所讲的是一个悖论一样，不知道到底应该怎么去决策？

此时，如果不用增量思维，那么很多问题根本无法解决，所以，泽天夬卦是给大家带来的增量思维的决策系统。

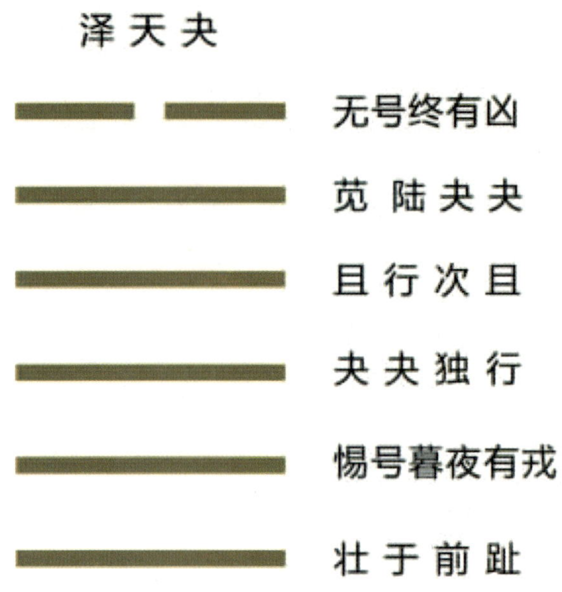

图 3 -42 泽天夬

从图 3 -42 泽天夬卦卦意来看，这位决策者始终下不了决定，从“惕号”到“无号”，从“夬夬独行”到“苋陆夬夬”，这个时候只有使用增量思维才是最好的决策。

所谓的增量思维是与存量思维相对应的概念，我们很多人和很多企业都是依靠存量思维存活的，但存量思维一旦形成，就不想打破，一直固守着这种方式存活。

我们来了解一下存量思维和增量思维对企业决策产生的影响。20 世纪 90 年代以前，在传统相机时代，柯达胶卷一骑绝尘，成为个人以及专业摄影者的必需品。那时候的柯达，几乎没有外部竞争与风险。

柯达也是最早研制数码相机的企业，但基于原来传统胶卷相机市场的巨大成功，使得他们始终不愿意放弃自己已建立的存量，困守在自己熟悉的胶片相机时代。结果当数码拍摄时代到来后，柯达彻底遭遇滑铁卢。

同样，迅雷被打败也是因为存量思维。迅雷当年以其领先的下载技术赢得极其高的市场份额，但是它的这个存量市场优势在如今在网络技术迅速发展的时代迅速消失了。[①]

存量思维对企业和个人都会产生很大的影响和破坏。因为社会在不停发展和变化，固守着熟悉领域，不适应市场变化，最后只会被追赶、被淘汰。

那么，相比存量思维，增量思维是什么样的呢？

从经济学上讲，增量指的是某一段时间内保有量的增长变化。但增量思维与增量不是一个概念。

所谓增量思维是在存量思维的基础上所进行的科学探究和创新思维，是发展的创新。我们如今熟悉的“共享单车”便是增量思维模式下的产物。

在城市越来越大，公共交通越来越便捷的今天，自行车的市场看似是停滞了，但如果用增量思维来思考，便会发现单车是解决城市中“最后一公里”问题的不二之选。于是“共享单车”便在这种新思维模式下应运而生，同时解决了过去私人单车难维修、难停放的问题。这种思维模式便是一种创新的思维模式，就是增量思维的方式。

增量思维是现代每一个企业家应有的思维。

这几年来互联网浪潮冲击了许多传统企业，传统企业过去的渠道

---

① 摘自《腾讯网》的《增量时代，是时候和存量思维说再见了》，2020，4，15。

已经很难满足现代消费者的需求。但许多传统企业存量思维的惯性让他们很难放弃现有的渠道和既得利益，这让很多企业道路越走越窄，企业状态每况愈下。

诺基亚与柯达这样的企业便是因为没有增量思维抓住时代趋势，固步自封而最终倒闭的典型例证。而蒙牛就曾经利用增量思维实现了品牌的新生，它没有在原有纯奶的红海市场上死磕，而是选择了一个新的产品—乳饮料。最终通过一系列营销实现了乳饮料一年内销量增加 300%。

拥有增量思维的企业能够时刻洞察行业趋势，积极寻求转型，大胆摆脱原有的资源和渠道，在新的市场和领域持续开疆拓土，让企业基业长青、不断发展。

其实，增量思维不是现代才有，在 1800 多年前的魏晋南北朝时期就已经在改变中华民族的命运。

二、宇文泰：用“增量思维”解决三百多年未解难题

历史上有个人就是用这种增量思维方式，解决了上百年蛮族入侵、民族分裂、胡汉对峙的大难题，实现了中华民族的大一统。

这个人就是魏晋南北朝时期北周政权的周文帝—宇文泰。隋唐和北周虽然是三个朝代，但其实是一脉传承下来的。

北周有个伟大的大臣：独孤信。他的大女儿嫁给了北周明帝宇文毓；四女儿嫁给了唐高祖李渊的父亲李昞；七女儿嫁给了隋文帝杨坚，就是著名的独孤皇后。

宇文泰作为北周开创者，可以说中国的隋唐统一，都要归功于他。

南北朝时期历史实际状况：历经多朝，始终无解的“胡汉矛盾”

司马懿祖孙三代灭掉蜀国、吴国一统中原，建立晋国后，他们面临一个问题：小冰期来了，北方游牧民族要来入侵。

司马炎去世20年后，他的子孙打成一团，史称“八王之乱”。八王之间内乱引来了少数民族入侵，当时参与入侵的有：匈奴、鲜卑、羯族、氐族、羌族。

汉族与少数民族之间互相争夺，持续了三百多年。这期间朝代更替频繁，重点给大家梳理四条线索：

1．0版本：匈奴人刘渊创立的汉赵政权

少数民族首领刘渊本不是汉人，在他掌权之后，取汉姓刘渊，推行亲汉人，推行胡汉融合，结果胡汉双方都不买账。刘渊去世不久，国家分裂，相互残杀。

2．0版本：羯族人石勒创立的后赵政权

刘渊政权被推翻之后，羯族人石勒掌权，他亲胡人，对不服的汉人实行“三光”政策。石勒父子统治时间仅仅十年，北方汉族人口减少了六七百万。汉人忍无可忍起来反抗，国家再度分裂。

3．0版本：氐族人苻坚创立的前秦政权

苻坚建立前秦政权，推行胡汉分工合作，但汉人纷纷逃奔到南方的东晋。在淝水之战里，苻坚的百万大军溃败，统一方案再度破产。

4．0版本：鲜卑人拓跋珪建立的北魏政权

苻坚倒台以后，在山西一带出了个鲜卑族人拓跋珪，他建立了北魏。在孝文帝拓跋宏时期，大力推行全盘汉化迁都，用汉人的制度改制，自己也改姓元。

汉人还是蛮认可北魏政权的，但胡人中的骄兵悍将最后还是起义了。尔朱荣屠杀北魏朝廷官员，连同皇室后宫的人屠杀殆尽。北魏政权倒台了。

我们来看看，这一系列政权无论是选择投靠还是对抗，都无法解决胡汉矛盾。

宇文泰：在未来时间维度里化解遗留问题

这时候的北魏政权，朝廷里还剩两个权臣：高欢和宇文泰。两人分别找了个拓跋氏后代“挟天子以令诸侯”，各自建立了国家。高欢建立了东魏政权，宇文泰建立了西魏政权，也就是说他们两个集团把北魏分裂成为东魏和西魏，加上当时南方东晋留下来的一个陈朝陈霸先政权，整个中国再一次呈“三国鼎立”的局面。

宇文泰用两招解决了几百年的胡汉分裂问题，为北周、隋、唐帝国打下基础。

1. 第一招：另起炉灶

宇文泰把那些不太在乎胡汉矛盾的人聚集起来，成立“关陇贵族小集团”，集团内部只谈利益，不谈别的，可以互相通婚。

不仅如此，宇文泰还发明了“双重户口”，这样小圈子内部就彻底没有了民族矛盾。比如，李渊家族，改姓大野；李密家族，改姓徒何；杨坚家族，改姓普六茹。有的胡人家族也改为汉姓。

从社会最底层找出愿意当兵的汉人和愿意种地的胡人，给他们分发土地，平时种田，战时打仗。形成了府兵制度，兵农合一。后来这个组织成了全国重要的武装集团。

2．第二招：把时间维度放进来

宇文泰让最有权力的八大家族成为掌握国家权力的中心，史称“八大柱国”，掌控全国的府兵，彼此间互相联姻。这样全国平安了几十年没有战事。

宇文泰去世以后，他儿子改朝换代，打败了东魏高欢政权，建立了北周，仅一代人时间，北周基本全面解决了胡汉矛盾。

因为率先解决了胡汉问题，而且统治集团八大柱国非常团结。宇文泰去世 21 年后，北周灭掉了北齐，再次统一了北方。

4 年后，杨坚家族取代宇文家族，建立了隋朝；8 年后，他们灭掉南方陈霸先政权，统一了中国。

增量思维决策：是在怎么选都不对时，所用的思维决策系统

无论是个人还是企业，很多时候着急作选择，往往是错的，如果把时间维度考虑进来，会找到完全不一样的答案。

人生中有很多矛盾，尤其是那些陈年旧矛盾，可能本身就无解。

总结一下：夬卦心法秘诀就是用“增量思维”做一件全新的事情，另起炉灶，以不解决的方式去解决问题。

无论是有选择的巽卦决策系统还是没有选择的夬卦决策系统，只要我们能够掌握这两卦的心法秘诀，在决策上不会犯错，就能够加大我们企业的生命周期。

除了决策系统以外，企业的生命周期还要注意哪些方面呢？

三、企业的“种子原理”

在中国古老的农耕时代，人们懂得给自己留下种子，以便来年栽种，无论当年收成多么糟糕，家人有多么饥饿，农夫们都不会违背的一个规律就是：必须留下当年收成的10%作为来年的种子，为明年种庄稼做准备，没有人蠢到把自己明年庄稼的种子都吃掉，这就是种子原理。

那么企业的种子原理就是：为自己企业未来的发展留种，就是把自己每一年收入当中的10%留存下来作为资本公积金，准备投入到下一个新的项目，而这个项目是能够对当前公司所属的产业实行升级的项目，除此之外，不投入其他项目。

最后发现他们依然存在，这就是企业应该具有的东方古典哲学智慧。

在我国历史上晋商、徽商已经是非常辉煌了，最后都不过是历史长河当中的一粒尘埃而已，那么怎么才能经营好企业呢？企业经营者要成功经营企业与别人应有以下三大本质上的差别。

第一种境界：让员工给老板干，给公司干。

这就是管理学思维。这些思维主要来自西方，但是西方的管理学思维是站在公司的角度来讲管理企业的，经过几十年的实践发现这种管理思维已经不适合当今企业的发展了。

第二种境界：让员工给自己干。

这是合伙人的思想，这是大势所趋。经营者开公司就是建立一个平台，帮助员工实现他们的梦想，顺便实现企业的梦想。

从根本上讲，不是所有经营者的梦想都是一样的，有的人想成就自己的地位和财富；有的人想成就别人的人生，成就别人的梦想。所以，经营者要思考做一个事业，是想通过一个事业来成就一群人还是想通过一群人成就一个事业？如果现在的经营者还想通过一群人来成就一个事业的话，那么，这个企业还是逃离不了灭亡的命运，如果一个经营者想通过一个事业来成就一群人的话，那么，这个企业就开始具有了东方古典哲学智慧。

其实，我们中国的企业特别讲“企业文化”，我也到过很多企业调研，我也问过很多企业经营者到底什么是企业文化？很多经营者的口号是文化，很多经营者说“我的企业特别注重员工的文化娱乐”，这些都不是企业文化，到底什么是企业文化呢？

十多年前，笔者有一次在东南亚学习英语，“文化”的英语单词是“culture”，也有“教育”的意思，后来笔者一思考就知道了，“文化”其实是成就一个人的过程，所以，一个企业的文化就是成就无数人的过程，只有老板悟到了自己的企业是想成就大家的梦想和人生的过程，那么，经营者就是在通过一个产业来成就一群人的觉醒者。

第三种境界：让员工和老板共同完成一件事。

大家都知道，寺院里的小和尚是为方丈干事呢？还是方丈为小和尚干事呢？其实都不是，是小和尚和方丈一起共同完成一件事。因为他们的心愿都是和佛祖一起干一件事情，那就是一起渡众生。

只要一个企业上下同欲了，才会造就一个无往而不胜的企业。企业经营员工的境界就是经营员工的精神世界。员工行动的三大动力是精神、荣誉和利益。

经营者要想把这三大动力发挥出来，仅仅靠口头上是不行的，只有老板身体力行把自己与员工融到一起才能真正实现自己的梦想，而能够让大家达到这三种境界的就是股权激励。[①]

企业生命周期必然要经历创业期、成长期、成熟期、衰退期和死亡期，那么，各个阶段的特征是什么呢？

1. 创业期

在创业初期，企业的生命力极其脆弱，稍微不慎就会夭折，这个时候，企业拼的是合伙人或者股东的齐心协力，拼的是一种干劲。这个时候任何的话语都是苍白的，就是一个字“干”，而且此时一定要有一个懂得决策系统的大股东完全控股并且能够决策正确才能渡过创业期的难关。

2. 成长期

在渡过了创业期的难关之后，应该说企业已经具有了一定规模，但此时，经营者一定要想到是开始成就员工的时候了，特别是成就自己身边的高管和中层干部，一定要把这个想法纳入自己的事业思维当中去，搭建自己公司的系统，不管是决策系统、领导系统、执行系统都要体现这个想法搭建好，才能攻破企业意想不到的难关。

3. 成熟期

这个时候公司具有较大规模了，甚至行业地位都已经完全具备，这个时候公司必须把握好公司的未来方向，决策要绝对不能出错，一旦错误，就提前进入衰退期，因为在成熟期或者盛年期之后，必然是衰退期，所以要未雨绸缪。

4. 衰退期

① 摘自《个人图书馆》的《老板的三种境界》，禅悟人生，2020，3，17。

衰退初期，企业效率开始明显减退，企业掌权部门领导开始腐败，没有钱几乎就干不了事情，等到衰退期明显出现的时候已经晚了。所以，这个时候老板一定要运用企业的种子原理，否则，企业根本无法摆脱灭亡的命运。

企业的种子原理就是老板要再创造出来一个生命周期，让自己企业能够生生不息，那么，怎么才能创造出来一个新的生命周期呢？

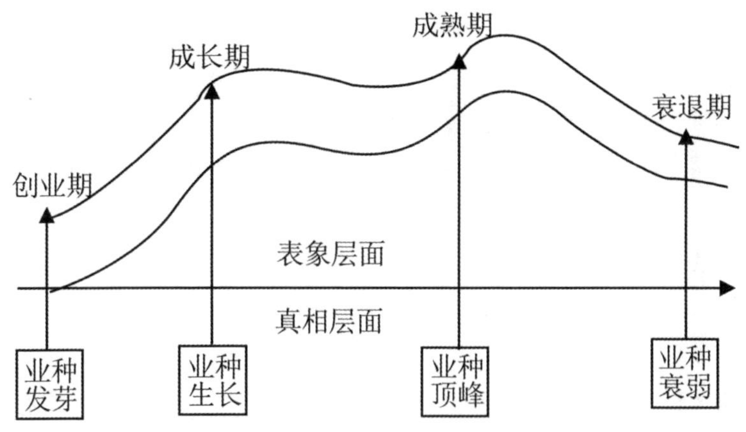

图 3－43 企业种子原理

从图 3－43 来看，企业的生命周期其实就是种子生长原理，只不过企业的生命周期常常显示是外在的表象而已。

所有的企业的外在表层面都是创业期、成长期、成熟期和衰退期，这些都是表象的层面。但是，企业真相层面从左到右呈现给我们的是种子原理：业种发芽、业种生长、业种顶峰和业种衰弱。

对于企业而言，如果摆脱不了这种表象层面，那么，企业的一生也就很难摆脱衰退的命运。

虽然所有人都知道：我们的公司和我们的项目还有我们的事业以

及我们的生命都会从创业期到衰退期，但是，仅仅意识到这一点是不够的，必须改变这一切才有用，那怎么改变呢？

那就是“种子再投资”，什么是“种子再投资”呢？

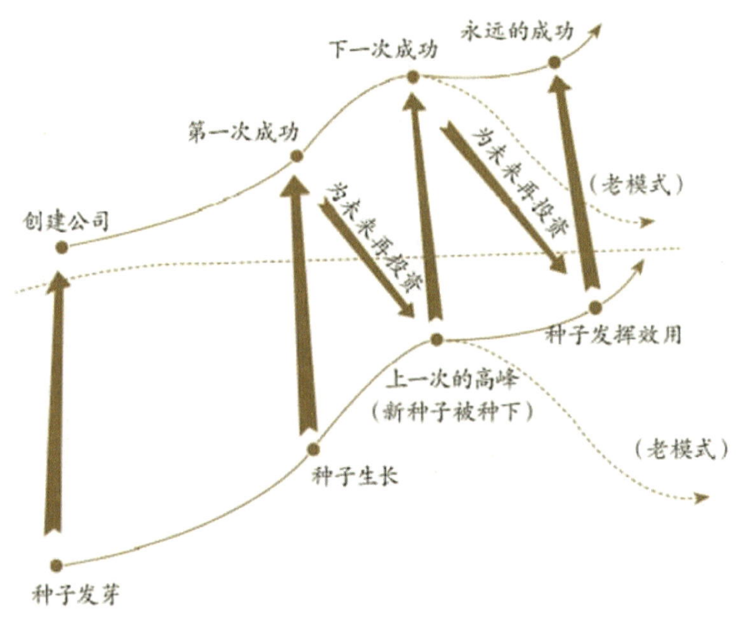

图 3－44 种子再投资

从图 3－44 来看，种子再投资就是不断地留种，从自己每一年的收入当中留下 10% 的资金不断地积累，累积到一定数目投入到下一个项目。

在你的人生第一次通过企业或者其他成功之后，应该留下 10% 的资金首先种到你的“事业伙伴”那里去，因为此时你根本就不是很强大，最少应该给你的“事业伙伴”相应的感恩和回报，等到你的收入积攒得越来越多的时候，你就可以把这个种子投资到下一个项目了，这是放大你自己生命周期最正确的行为。

这样你会发现：在企业步入衰退期的时候，你的新种子已经开始发挥效用了，这样你投资的企业就会生生不息、百年长存。

只有懂得了种子原理之后，我们的企业才会生生不息，才会做出百年老店，才能让我们的企业基业长青，永不落幕。

四、企业家族传承

仅仅做好了企业的决策系统和企业资本种子留存还不够，企业必须最终实现家族传承才会真正实现基业长青。

我们来看看中国几千年历史，历朝历代在最终灭亡的时候，究其原因其实就是一条：那就是后继无人。如果每一个朝代后继有大批的人才，那么，这个朝代就不会灭亡。

企业更是如此，如果企业能够实现长青，必须是企业领导人能够代代相传，这就是传承。

有的人说，家族企业在传承过程中最关心的是以下两个问题：一是家族权利安全，二是家族的财产安全。“两个安全”是相辅相成、不可分割的：没有财产安全就没有权利安全，没有权利安全也谈不上财产安全。

其实，家族的传承问题应当聚焦到三个问题上，即传什么、传给谁、如何传这三个问题如果能够找到正确答案，那么，家族企业传承就能实现企业的生命周期延长。

其中第二个问题传给谁是最重要的。如果家族企业能够设计未来企业领导人，从受孕怀胎、出生、成长都能得到一些设计和培养，那么，这个后人就可以接管家族企业，并且能够将家族企业发扬光大。

家族传承源远流长

《礼记·大学》讲道：古之欲明明德于天下者，先治其国；欲治其国者，先齐其家；欲齐其家者，先修其身；欲修其身者，先正其心；欲正其心者，先诚其意；欲诚其意者，先致其知，致知在格物。物格而后知至，知至而后意诚，意诚而后心正，心正而后身修，身修而后家齐，家齐而后国治，国治而后天下平。

所以，格物致知，诚意修身就成为家族企业领导人成功的关键。所谓“格物”“致知”“诚意”“正心”“修身”“齐家”“治国”成为古代先贤一生都不断修炼的东西。而治理一个企业就如同“治国”一样，是“五脏俱全”的。

家族传承三条线

在中国近几十年经济发展的过程中，家族及服务机构逐步从财富传承、权杖交接、文化相续“三条线”去观察和实现企业传承，下面从这三个方面回答传什么、传给谁、如何传这三个问题。

财富传承

这是一个表面上看起来“可以把握”的普遍性问题，家族财富传承不可能传给外人，几乎可以肯定的是首先传承给自己的后人，但是如果自己的后人不争气、不成才，那么传给他，既是害了他，更害了家族企业。

当自己的家族内部传承无法进行的时候，还不如采取社会化传承更稳妥一些，社会化传承更能打理好财富，同样，可以实现家族财富保值和增值。

无论“传给谁”，这个时候家族需要考虑的是低风险、低成本的问题。结构性工具、金融性工具、家族协议、意愿安排及身份配置等工具都有发挥的空间。从某种意义上说，为财富传承给出一个完整的解决方案并不太困难。

财富传承的难点不在于传承中，而往往在于传承后。财富继承者是否能够真正长期保有这份财富，进而持续发挥财富的价值，是否能够坚守财富的“品格”、是否能够实现财富的再传承这两个问题才是更为困难和更高的目标。

财富传承方案及技术都是围绕传承中及传承后的目标展开的。财富传承的目标只要不过于“宏大”，基于正确的财富管理逻辑、选择恰当的财富管理路径、运用有效的财富管理工具，财富传承目标的实现实际上是有较大把握的。

权杖交接

这是一个“风险很大”的核心问题。家族企业的经营性资产实际上才是家族的核心资产。经营性资产是“活的”财富，这种“活的”财富的价值通常会随着“掌权者”领导力的强弱而产生巨大的变化，这是普遍认同的基本事实。在财富传承的同时，如何才能让“德”且“能”的接班人承继权杖更为关键。

接班人承继家族企业可以划分为两种类型：其一是规划下的继承安排，上一代家族企业领导人根据家族的规划与意愿将“权杖”移交给下一代；其二是家族企业领导人突然离世或丧失能力，继承人“非正常”接班。

权杖移交式的交接班又可以区别为生前传承和身后传承两种类型。例如，2017 年 10 月发生的“万向系”鲁冠球家族因鲁冠球先生去世引发的鲁伟鼎先生接班的传承事件，就应当理解为是一种权杖移交式的身后传承。而较为被关注的“长和系”李嘉诚家族、“新希望”刘永好家族的传承都属于生前传承。

可以肯定的是权杖移交式的交接班相对而言更为有序，但交接班后的家族企业稳定与持续发展却并不确定，比如，罗邦鹏家族在第二代接班后黯然退出了海翔药业，就是令人非常痛惜的案例。

非正常接班式的交接班基本上都是身后传承，此种类型下的交接班相对而言是无序且缺乏必要准备的，颇多失败案例。比如，闫吉英家族“三佳科技”的家族内斗、李海仓家族的“海鑫钢铁”破产重整等。当然也有李裕杰家族非正常接班后“水星家纺”IPO 顺利冲关的成功案例。

总体来看，权杖移交式的交接班成功率相对而言略高；而“非正常接班”式的交接班成功率较低，甚至可以说成功是“偶然”的。

无论是权杖移交还是非正常接班式的交接班，家族及接班人所面对的根本挑战并无本质的差异，只是不同家族（企业）复杂程度不同罢了。真正的差异在于家族是否有合格的且有接班意愿的接班人、家族及接班人是否已经完成必要的准备、规划与安排。

权杖交接有四点是必须把握的：

（1）提前做好权杖交接的规划与安排，避免非正常接班。既要

“有规划”，也要“防意外”。

（2）以看得见的方式实现“权杖的移交”。尽量选择生前传承的方式，避免身后传承。

（3）实施有效的接班人培养计划及家族雇佣政策，做到“有人”接班，并形成有效的接班人培养与遴选机制。

（4）构建合理的家族企业所有权结构，实现财富传承与权杖交接的匹配，避免“长荣现象”的发生。

权杖交接的难点不仅在于交接中，也在于交接后风险很大。通过规划、安排及运用必要的工具及技术手段，权杖交接中的风险总体是可控的。但是，权杖交接后的风险相对而言较难把握，这不仅与权杖交接的顺利程度有关，更与接班人是否能够胜任并做好自己的“功课”有关。当下，在权杖交接中家族对于接班人接班后的考量显然是很不充分的。

文化相续

这是一个“至为关键”的根本性问题。传承的是财富，更是家族永远的精神。家族文化才是家族传承的真正核心，如何才能让家族文化相续不断呢?

同样的逻辑、同样的路径、同样的方法，为什么有的家族（企业）传承 100 年、200 年，甚至 1000 年以上；有的家族传到第二代已经很不容易了，很难传到第三代，即使到了第三代也已经面目全非了?这就是家族后续领导人的设计问题，如果很早开始设计，那么这个问题就不会出现。

事实上这些家族的根本性的差异就是家族文化。家族文化是家族成员在实践中形成的一种基本精神和凝聚力，是全体家族成员共同的价值观念和行为准则。家族文化就像一个同心圆，由表及内有三个层次：外层的“形”文化，中间层的“法”文化，内层的“魂”文化。

比如，家族“祠堂”等有形载体就属于“形”文化的范畴；家规家训，是家庭或家族内部父祖辈对子孙后代的训诫与教化，它属于家族文化的“法文化”；家族精神、家族的信仰是家族在长期的生活实践中形成的共同价值观，是家族文化的内核—“魂”文化。

家族文化是家族先辈们“设计”出来的，后续家族人不断实践“养成”的习惯。人与人之间的精神相续是最难的，更何况家族文化是在“变易”之中不断寻找“不易”的过程。

所以说，文化相续才是家族传承的核心难点，在这个家族文化上，必须首先设计家族文化。比如，你的家族到底以道家文化为根本还是以佛家文化为根本。

在这里和大家做一个分享：如果你想让你家族后人做好企业的领导人，那么你需要传承的就是道家文化，因为主观唯心主义可以改变一个人，客观唯心主义可以成就一个人。

而你的家族就是执行力很强的人，那么你就去传承儒家文化，因为儒家文化就是让我们具有强大的执行力的。

而你的家族要普度众生，那么你的家族就可以好好传承佛家文化。

在这里，告诫大家：一个家族不要把上述三个文化都全部作为家族文化传承，自己要清楚“设计”自己的家族文化到底是什么。

第八节　易解独角兽企业

中国经过改革开放几十年的发展，每一个行业的龙头企业都非常明显，结构也非常可靠清晰，似乎要想超越龙头企业或者要打破这个行业结构难度极大。但是，一定有行业的龙头企业可以被超越，也一定有行业的结构被打破，能够做到这两点的就是独角兽企业超越龙头企业或者能够打破这个行业的结构，因为这些企业才是值得价值投资的企业，未来也只有这些企业才有真正的前途。

什么是独角兽企业呢?

所谓独角兽企业，一般指投资界对估值 10 亿美元以上，并且创办时间相对较短（一般为 10 年内）还未上市的公司。

但是，这个概念也并不是很准确，比如，美团外卖和平安的陆金所都满足以上两个条件，你能够说它们是独角兽吗?

其实，衡量独角兽除了以上两个条件之外，还有一个非常重要的也是非常必要的条件就是必须能够实现“产业升级”，能够实现产业升级的企业，必须是产业资本的运营商，懂得产业资本运营的企业才能实现产业升级。

在《易经》当中，地风升卦能够指导从小树苗到参天大树的“产业升级”过程成为独角兽企业。

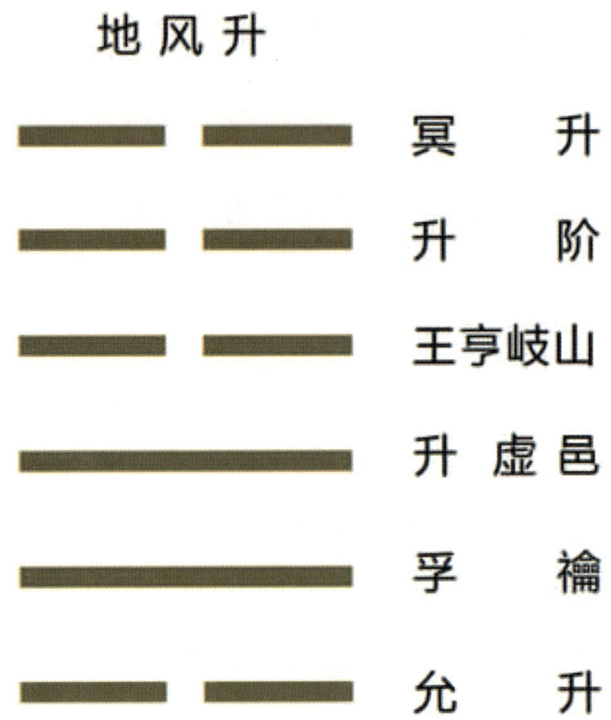

图 3－45 地风升卦

从图 3－45 地风升卦来看，内卦的巽卦是风，也是树，而外卦的地卦是土，树在下方，土在上方。这是树苗破土而出成长为参天大树之象，所以叫地风升卦。

这一卦的六爻的爻辞：是指初六的“允升”一路进阶，破土发芽一路生长，到最后成为“参天大树”的过程。

要想成为参天大树，各位注意：

第一，要允升，所谓的允升，就是对于自己所做的企业或者所投资的企业到底在未来能否成为独角兽企业，自己能否实现“产业升级”这个必要条件要很清楚地知道。

第二，是“升虚邑”，就是要建立自己能够驾驭的产业“跑马圈地”，这个产业即使很有前景，你驾驭不了，对你而言，也根本没有用，所以要“跑马圈地”。

第三，是“升阶”，这就是明显告诉大家自己要实现“产业升级”，不实现“产业升级”，你根本不可能是独角兽。

第四，是“冥升”，在产业升级完成之后，独角兽企业一定要“冥升”，就是好好刻苦冥想，看看自己过去走的路和未来要走的路是什么样的？一定要记住：“不忘初心，方得始终”，这才是独角兽企业最终成功的秘籍。

这就是独角兽企业的成长过程，是从小树苗到参天大树的成长过程。我们来看看，企业生长为参天大树的独角兽的必要条件是什么呢？

一、产业升级

所谓的产业升级并不仅仅是指使产品附加值提高的生产要素改进、结构改变、生产效率与产品质量提高，而是专指产业链的升级。

比如，百度升级了资料和图书的检索业务，过去我们都要到图书馆去收索资料，现在只需要一台电脑就能解决问题；阿里巴巴升级了零售业，过去我们需要上百万家零售门店，现在一个阿里巴巴就把上百万家门店给升级了；腾讯升级了通信业，现在的微信已经取代了过去的电话。所以，一个产业升级之后，有时候一个行业仅仅需要一家公司就能解决这个行业的很多问题和提供很多服务。

对于一个独角兽企业而言，如果不能实行产业升级，那么，就谈不上独角兽了，并不是开业时间短，估值在10亿美元以上就是独角兽，不能升级的“独角兽”最终也会被真正的独角兽升级。

二、产业资本

产业资本是什么？就是为了实现产业升级，以扩大再生产为目标的一种投入以产业为单位的资本手段和形式，是一种金融资本的长期投资，主要目的是实现本企业产业升级的战略目标。在全球化的竞争环境中，产业升级是通过产业资本的收购兼并等手段获得更主动的竞争地位，从而来实现产业升级的长期目标。[①]

产业资本特点：不会以短期的投资收益率作为评价标准，而会以长期的产业升级为目标，让市场占有率、营业收入增长率、毛利率等都发生明显的变化，一个独角兽企业一旦实现了产业升级，那么就形成了垄断，后面根本就没有竞争对手了。

金融资本是什么？金融资本分为金融投资资本和金融投机资本两大类，以长期年化投资收益率作为唯一的评价标准，更多的看投资者的眼光，如同巴菲特等人的投资就是金融投资资本。而真正的金融资本一定会着眼于产业资本的投资，现在的我国各地区的市级以上政府都着眼于产业资本的组合和投资。

从本质上说，产业资本的控制人应该掌握着这个行业的发展规律和竞争态势。就如同微软试图收购雅虎一样，鲍尔默本人收购雅虎的唯一目标是使微软在竞争中获得产业升级。这就是产业资本出手的案例。

而立志于产业资本运营的人将在未来掌控局势，获得产业产级的

① 摘自《百度百科》的《产业资本》，2020，4，3。

最终话语权。

升卦心法：积木格局 VS 九连环格局

积木格局和九连环格局是两种完全不同的格局，到底你的人生选择积木格局还是九连环格局呢？就决定了你的企业未来是什么样的格局。

九连环格局是拆完一环又一环，不到最后不算完，但积木格局就像搭积木，像一个小树苗能够长成参天大树一样。

升卦的卦辞讲的就是这种积木格局。

九连环格局的特点是：只有尽头没有路口，而积木格局，到处都是路口，可进可退，而且只要生长，不会最后满盘皆输。

所以，积木格局是人生当中很多人选择的格局，也是独角兽企业发展之路。

1. 积木格局最大的特点是随时可抽身而退。

九连环格局和积木格局在 99% 的时候都很像。都是在不断积累收益越滚越大，唯一的区别就是在滚到最大的时候能不能收手。如果不收手，九连环格局可能是完全归零，而积木格局的结果是，即使不收手，也一样可以不断积累。

20 世纪红遍全球的经济学家凯恩斯说过一句名言：长期来看，我们都会死掉。但是，独角兽企业却是会不断被传承。只有不断积累和传承的才是积木格局的独角兽企业精髓。

虽然积木格局可以在没有长成参天大树之前可以全身而退，而独角兽企业不长成参天大树是不会罢休的，这就是独角兽企业终生的奋斗目标。

如果一件事不能在最好的时候出来，只能最后黯然离场，那就是九连环格局。

2. 积木格局还有个巨大的利好：被动收益。

这个现象经济学上有个词，叫租。什么叫租？就是你停止劳动之后，还有额外的收益。

但是，在投资学上，就要不断投资独角兽企业，你才能不断获得“被动收益”，你才是积木格局的投资人。

绝大多数实现财务自由的人，都是采用了积木格局的活法。它最大的特点是不断积累，而且还能全身而退。

而想要活成积木格局，首先得强迫自己做一个成功的投资人，而不是尝试开一家属于自己的公司。

因为成为投资人已经是在践行“开一家自己的公司”，只不过投资的是与你志同道合的人的公司而已，其实，成为股东与你自己开一家公司是一样的道理。

所以说，积木格局的人要么自己做成独角兽企业，要么与志同道合的人一起做成独角兽企业，来升级自己的人生目标，也实现认知升级，改变自己的朋友圈。

小结

通过本章学习，我们发现：投资一定需要理论指导，而我国优秀的传统文化就能指导我们的实践。古老的东方古典哲学智慧从阴阳、四象、五行、八卦、六十四卦等方面已经把东方趋势投资法六龙御天和西方价值投资法恒其德讲得很清楚了，只是我们大多数投资者还没有悟道而已，如果能把东方古典哲学智慧应用到投资当中去，那么投资将会更加成功。

第四章 禅易投资法

第一节 从金融到法融
第二节 阳明心学，知行合一
第三节 大智知止，至于至善
第四节 升维思考，认知升级
第五节 价值投资，财富秘密
第六节 刘伯温：广九碑文

第四章　禅易投资法

上一章我们和大家分享了易道投资法，但是，对于很多投资者而言，未必就能够很好贯彻下去，因为每一个人的心还有一个“心结”要打开，只有打开我们的“心结”，才能把禅易投资法很好地贯彻下去。那么，怎么才能打开我们的“心结”呢？

第一节 从金融到法融

2018 年 8 月 18 日由深圳市青年社会组织志愿者总队和深圳金融管理研究院组织的一场公益讲座，在深圳市党群服务中心二楼“新时代讲习所”成功举行。

笔者作为这次公益讲座的主讲嘉宾和大家分享了“国学 · 金融—从金融走向法融”主题。

图 4 - 1 讲座现场

非金融人士对于金融圈的理解无非就是金融圈人士高档消费模式，

就如同电影《华尔街之狼》虽然长达近3个小时，但是只有10%的时间在讲如何赚钱，剩下的时间都在讲那些华尔街金融人士是如何花钱的。电影里豪宅、跑车、游艇、没完没了的Party、私人飞机，极尽奢侈。

而在国内的上海，大多数金融人士常驻陆家嘴，这是整个中国金融领域的核心地带，办公室就在金茂大厦或者上海中心大厦里，一旦加班到深夜，就回到附近的半岛酒店休息。大多数金融人士有车但几乎不开，出行使用专车服务，他们认为这样可以节省时间，毕竟上海的交通太堵了，时间才是最宝贵的资源。工作不忙的时候，去静安区找一家高档日料或者西餐馆，吃饭很讲究仪式感，有很标准的进餐顺序，餐刀和餐叉从不拿错。身上的西装一尘不染，甚至没有一个褶子，休闲方式永远是交响乐、高尔夫和皮划艇。

北京金融街是中国各类银行和保险公司的大本营，也是金融人士最活跃的地段。楼下布满了中式和西式的咖啡厅，里面长期坐满了金融人士，谈论的都是千万上亿的生意。在北京，每天晚上除了中关村，就是这里灯火通明，大多数是金融一线工作者，高端金融人士已经出现在国家大剧院里或者北京周边的滑雪场。

在北京，各式各样的俱乐部也是金融人士社交和打发时间的最爱，读书会、车友会、高端俱乐部。大多数人只看到他们的生活很潇洒、很奢侈，却很难看到他们为此付出的辛苦。要知道没有人天生就是高端人才，尤其在金融领域，想成为非常专业的金融人士并不容易，有些人甚至拿不出一张像样的资格证书。拿保荐人举例，很难考，通过率也不高，但是并非不可战胜，更多时候不是考验人的智力，而是毅力。可是当拥有它的那一刻，你就会感受到它的魅力。[1]

作为金融行业专业人士，更重要的是，你不仅仅懂金融行业一个细行业就可以。比如，你是基金从业人员，你仅仅懂得基金行业并不够，你还需要懂得投行是怎么做的，你才知道哪些股票在最后才是真正大牛股。再比如，你是银行专业理财人员，你仅仅懂得保险还是不够的，你必须知道哪些基金管理公司做得好，他们为什么能做得好。

所以，作为金融行业专业人士，你必须对银行、基金、信托和保险等各个行业都要熟悉和精通，否则，就不能称自己为一个金融专业人士。

在金融细分行业如何才能做得更好？那就是走入东方古典哲学的法融阶段。

所谓法融阶段，就是用东方古典哲学原理，将中国儒、释、道三家文化融会贯通到金融的各个行业当中，让法的源流能够畅通到金融工作当中，我们才能悟道，才能在工作当中游刃有余。

中国传统文化的三大组成部分：儒、释、道，究其精髓是相同的，儒家表面上看是注重人格的修养，讲究“中庸之道”，其实儒家更重要的是讲究人的执行力，“内圣外王”是儒家的最高境界，最终也能够体现在执行力上。这个执行是执行谁的命令？那当然是领导人的命令，而塑造领导人的哲学就是道家哲学，道家的自然无为、无为无不为以及悟道、循道而为恰恰是领导人智慧的结晶。可是，即使领导人做得再好也得回归到平凡，这就是佛家的智慧。佛家彻悟诸法本缘，以慈悲救渡一切为己任，恰恰能够让我们领导人回归平凡。

---

① 摘自《搜狐》的《你和百万年薪金融人的生活差的不仅是钱》，2017，11，06。

历史的实践不断证明，儒、释、道三家，相辅相成，相得益彰。而禅易投资法恰恰能够把儒、释、道三家文化完全融合在一起，并应用于投资领域。

古典哲学与投资的结合，在很多外来的投资者看来是深不可测的，甚至有点神秘色彩，这也是东方古典哲学与投资的智慧所在。这种智慧是从“无我空性”中生出来的一种“无有恐怖，远离颠倒梦想”的智慧。站在时间和空间之外，运用高维度知识复制这个投资的世界，运用东方古典哲学智慧破译了财富的密码，面对投资市场上的杂乱无章，还能轻松驾驭和游刃有余，这就是从金融到法融。

投资市场可谓“如雾也如电，如梦幻泡影”，可谓变幻莫测，如果不能用东方古典哲学智慧，很难跟上市场的节奏。用东方古典哲学智慧能够悟道世间的真谛，悟道投资的真谛，这样能够将儒、释、道融为一体，不断砥砺前行，才能将禅易投资法贯彻下去。

一说到“禅”很多人总是认为：禅是印度的“禅那”，其实，我们道家老子的“打坐”和儒家孔子的“静虑”都与“禅”是一样的，就是要我们后人能够在“静虑打坐”中获得智慧，并不是宗教的东西。

第二节　阳明心学，知行合一

王阳明作为中国历史两千多年“立德、立言、立功”的“三不朽”人物之一，在五百多年前已经完全跻身于世界一流最伟大的哲学家之列。王阳明可以说是集儒、释、道三家文化于一身的第一人。

阳明心学有三个部分，即心外无物、知行合一、致良知。这三大部分都是在“心即理”的基础之上衍生出来的。

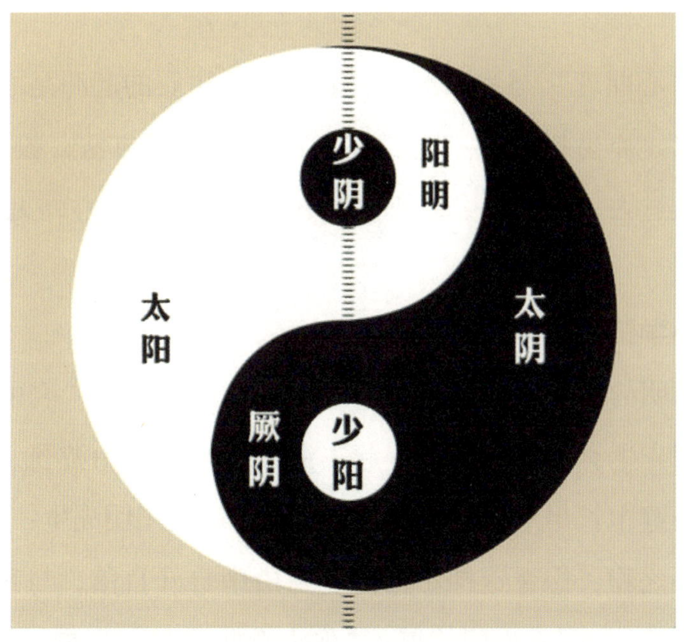

图 4－2 阳明状态

从图 4－2 阳明状态图可以看出，阳明的状态是阳气最充足，而阴气刚刚升起的状态，说明这个时候是阳气最佳之状态。

阳明心学的基础：心即理

王阳明年少的时候还是儒家程朱理学的天下，那时主张“格物穷理”，认为理是通过外在的“格物”而求得的。起初王阳明也很相信这个道理，曾经格了七天七夜的竹子，也没有格出什么道理，反而大病了一场。后来王阳明在贵州龙场，置身阳明洞中，终于悟道“圣人之道，吾性具足，不假外求”，万事万物都在自己心里，所有的道理也不必外求，世界的万物也是由我们自己的内心产生的，向自己内心求索就可以。

这个“心即理”与我们本书的第一章“物质的起源是心念”完全吻合，所以，禅易投资法一定是在心内寻求投资方法，投资于未来，而不是总结过去、投资过去，从中引申出来的就是“心外无物”。

阳明心学第一部分：心外无物

在王阳明的《王文成公全书》里记载着这样一个“岩中花树”的事件：阳明先生有一次和学生一起去浙江绍兴会稽山游玩，一个学生看到山中石缝中长出一棵已经开花的小树，就问阳明先生：“先生您说天下无心外之物，您看这棵小树的花在山中自开自落，与我们的心有什么关系呢？”阳明先生回答道：“你未看此花时，此花与你的心同归于寂；你来看此花时，此花与你的心同时明艳起来，便知此花不在你心外。”

图 4-3 岩中花树

阳明先生仅仅使用一个“寂”字就已经在15世纪跻身为世界一流的哲学家了。我们知道每一个人的听觉是在16分贝到20000分贝的范围之后，当我们感觉很安静，似乎是没有声音的时候，其实不然，只是那时候的声音在16分贝以下而已，那么我们能够说此时的10分贝是没有声音吗?

这个“寂”字就是告诉我们：在人类无法感知的世界里依然有其他物质存在着。我们要在“寂静处”才能感受得到，否则，根本无法感知这些物质的存在。

我们也只有在“寂静处”把握修行机会，才能感受到无法感知的物质，而“寂静处”恰恰能够让我们修炼成功，因为“岩中花树”是一个人处于人生困境黯淡无光的时候，能够逆袭修炼，逆风翻盘的唯一的好方法。正如老子《道德经》第六十三章所言："天下大事，必作于细。"这个"细"字就是阳明先生所说的"寂静处"。

比如，在股市当中我们会发现，一只股票好久没有看了，但是，等你再看的时候，它已经涨幅很大了，你甚为惊讶。你没有看到这只股票的时候，这只股票与你的心同归于"寂"，你一看到这只股票，你便会惊讶地发现，"啊？怎么涨了这么多呢？"便知道这只股票不在你心外。

所以，投资也是一样的道理，必须在"寂静处"找到要投资的标的，因为"寂静处"的时候，很多人是看不到也听不到的。

阳明心学第二部分：知行合一

图 4－4 贵州阳明书院

老子在《道德经》第七十章写道：“吾言甚易知，甚易行。天下莫能知，莫能行。”

知与行的问题一直是古圣先贤探讨的问题，在王阳明先生之前，我们先人都认为是知在前，行在后，特别是南宋时期的儒家大学者朱熹先生一直认为是知在前，行在后。但是，到了阳明时代，阳明先生认为知与行是合一的，如果你是知道的，你一定能行得到，如果你行得到了，那么你一定是知道的。

这在投资市场上体现得更为明显，如果你知道一只股票明天是涨停的，那么你第二天一大早一定会买入，如果你说你知道这只股票会涨停，但是你根本就没有买入，那么其实你根本就不知道。

“知行工夫，本不可离”，知道的理一定要在现实能做到才有意义。只知道而不行动，其实还是不知道。

王阳明说：“真知即所以为行，不行不足谓之知。”

毛泽东在《实践论》中说：“你要知道梨子的滋味，你就得变革梨子，亲口吃一吃”。“如果有了正确的理论，只是把它空谈一阵，束之高阁，并不实行，那么，这种理论再好也是没有意义的。”

阳明心学第三部分：致良知

阳明先生不断向大家强调知行合一的“知”不是普普通通的“知道”，而是“良知、良能”，正如阳明心学的核心经典：

无善无恶心之体，

有善有恶意之动，

知善知恶是良知，

为善去恶是格物。

致良知就是要想能够做到“知行合一”，就必须求得内心良知之理，然后去行动，去体悟，去实践，最后在行为上能够体验出来才是真正的“致良知”。

人的心之本体都是“无善无恶”的，在这种不思善不思恶的时候，就是我们心的“寂静处”，如果我们的心是“有善有恶”的，那么，我们的意念就发动了，这个时候就很难在“心之本体”的基础之上去探寻到“良知”，因为脱离了我们心的本体。此时，如果不能

“知善知恶”，那么我们的“良知”就不能持久地“致”下去，因为只有良知才能让我们做到“知行合一”。

投资人应该将王阳明视为自己人生的精神导师，学透阳明心学就知道把阳明心学归纳为两部分：

一贵我，二通今。

所谓的贵我者，“横尽虚空，山河大地，一无可恃，而可恃者唯我”；所谓的通今者，“竖尽久劫，前古后今，一无可据，而可据惟目前”。

一个人专注于自己的内心，专注于完善自我，那么所有的事情不过是水到渠成。阳明心学能够让投资人早早成就“牺牲小我，成就大我”的格局。“宇宙在我心中，我心即是宇宙”。更让投资人有了气吞山河的气魄。

投资人要想把投资做好，必须涉猎很多领域，包括哲学、政治、军事、经济、文化、历史等，但是要说影响投资人最深的，还是阳明心学。

阳明心学在投资领域的应用：

1．知行合一。

前面和大家讲到，阳明先生不断强调“知行工夫，本不可离”，二者完全是合一的、不可分离的。在知与行之间，阳明先生更加强调行的工夫，只要行到了，那么，就已经知道了。所谓的行到，从我们本书的第一章开始，大家应该明白必须是心念在先，只有不断设想行的结果，最终才能行到，所以，阳明心学对我们后世影响很大，是能够改变一个人和成就一个人的心法。

2. 此心不动，随机而动。

我们常人的心理活动由于受到外物的影响一直处于活跃状态，会一直在行动、想象和思考。

要想能够感应到这个世界的真实存在，我们的心必须在“寂静处”停留下来，否则，没有“此心不动”的工夫，那么，我们就无法做到“随机而动”。

这八个字，堪称王阳明的“八字真言”，乃阳明心学的精华。其背后，则是一种世间最高明的心学。在投资市场当中，更是具有伟大的指导意义。

他提出“此心不动，随机而动”的八字真言时，正值江西的宁王朱宸濠造反。当时，王阳明的一个下属抱着一腔战斗精神，想与宁王奋不顾身地作战，王阳明问他兵法的要义是什么，这个下属答不上来。王阳明随即讲了他的兵法要义，就是这八字真言。

这八个字到底告诉我们什么？

“此心不动”用老子的话就是“致虚极，守静笃”。“随机而动”，就是当时机没有到来的时候不可以行动。要做到随机而动，前提是“此心不动”，先让你的心处于“寂静处”。

我们的心经常处于“妄动”状态，一个念头接一个念头，像滚雷一样在我们心中不断回响。大多数人却对自己的妄动没有觉察能力，仅仅是根据意识层面的某种想法去行动的，这样就会导致我们的行动不断在出错。我们的行动就有点像是“盲人骑瞎马，夜半临深池”，不可避免地犯一些低级错误，甚至滑向深渊。

在“此心不动，随机而动”的理念指引下，王阳明成了伟大的军事家，在3周时间之内用3000人就战胜宁王30万军队，这在历史上堪称是“神与人之间的战争”。[①]

当我们把自己的心放到“寂静处”的时候，就会自然而然地感应到对方的真实存在，这时就是王阳明的“此心不动”。

禅宗《坛经》里六祖慧能说：“道须通流，何以却滞？心不住法，道即通流；心若住法，名为自缚。”

庄子也曾说过一样的话：“至人之用心若镜，不将不迎，应而不藏。”

阳明心学的“八字真言”在投资领域是非常具有实践意义的，当你发现一只股票并不在最佳进场点时，需要耐心等待，只有到了我们真正的进场点，就是格雷厄姆所说的“内在价值”的时候，才是“随机而动”的时候，在“随机而动”之前，我们的心应该是一直若镜的，正如庄子所说“不将不迎”，所以，阳明心学的“八字真言”对于投资者而言，简直就是投资秘籍。

3. 心随股动OR股随心转。

我们大多数投资者在投资的时候是“心随股动”让外在的股市的变化不断将我们的“心”调动起来。如果我们的心是这样的状态，那么，我们怎么才能在投资市场上获胜呢？

所以，只有好好学习阳明心学的“此心不动”，把自己的心安在“寂静处”，我们才能“随机而动”，才能做到“股随心动”。

所以，禅道投资心法更重要的是让大家的“心”能够安定下来，禅易投资也才能贯彻下去，才能真正在实践当中得到应用。

---

① 摘自《意林文汇》的《王阳明的“八字真言”—阳明心学的最高精华》，佚名，2018，11，23。

第三节　大智知止，止于至善

很多投资者在投资市场最终落败，不是因为他们没有赚到钱，而是因为他们在市场的高点赚到钱的时候没有离场，要想能够识别出来投资市场的高点，就必须做到“大智知止”，这个“止”就是东方古典哲学《易经》六十四卦当中的“艮卦”智慧，因为“艮者，止也！”“止于至善”才是投资者的最高境界。

理学鼻祖周敦颐就十分推崇艮卦的智慧，他曾经说：“一部《法华经》，只消一个艮字可了。”在《通书》中，他专门讲到了艮卦：“艮其背，背非见也。静则止，止非为也，为不止矣。其道也深乎。”

这段话大意是说：背是看不见的未来，人所能看见的都是眼前的景色，而未来自然看不见。止于未来看不见之地才是静的大智慧，所以，艮之道深不可测。

在《周易》当中，艮卦和震卦是一组对卦，而且两者一动一静，有非常明显的对应关系。从三爻构成的经卦角度来看，震卦是一阳在下，而艮卦是一阳在上，互为颠倒。从卦象来看，震的卦象为动，而艮的卦象为止。有动就有止，动止相对。震卦讲动的智慧，艮卦则讲止的智慧。

一、艮卦的智慧

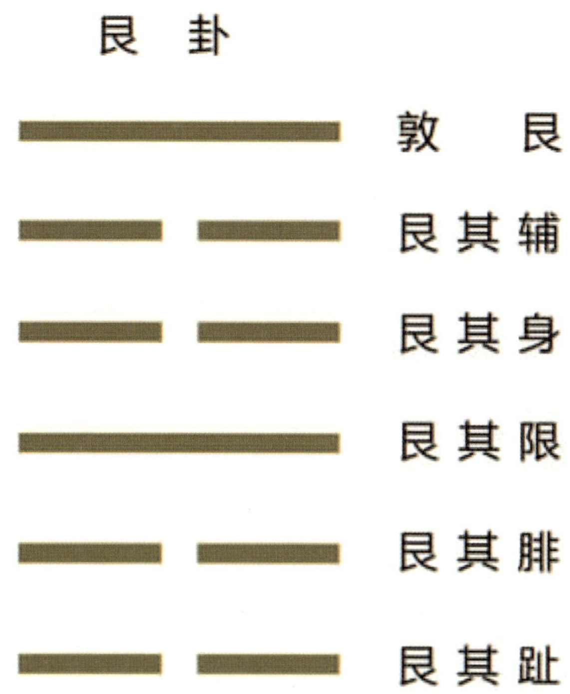

图 4－5 兼山艮卦

艮为山，上下卦都是艮卦。“艮者，止也!”艮卦意思是止步、停止，不要去冒险，要克制的意思。因为现在面临的是两座大山，要想跨越过去，难度极大，回抽下跌是必然的，能够跨过去是偶然的。

在前面的内容当中，我们和大家分析了，艮卦是八卦当中的最后一卦，也是投资市场上升的最后一个阶段，这个时候，必须做到停止操作，之后市场就开始下跌之旅了。

当市场走到艮卦的时候，市场的下跌并不能看到，一旦看到了市场下跌，那么作为投资者就已经损失惨重了。所以，这里必须有“艮者，止也!”的智慧，不要抱有任何幻想，必须停止操作，因为从震卦开始到艮卦明显地出现了四波上涨行情，也是“四炷香”行情，若不停止操作，下跌的亏损就必然是您的了。

二、《止学》的智慧

如果你说没有学习过《易经》，不知道“艮卦”的智慧，那么，你总应该知道《止学》的智慧吧!

图 4－6《止学》的智慧

东方古典哲学《止学》是 1500 多年前隋朝的大儒文中子的巨作，文中子原名王通，他是唐朝时期作《滕王阁序》的大诗人王勃的爷爷。

《止学》影响了隋唐之后无数的人，但是，很少有人知道《止学》这本书。

《止学》作于隋代，凡是按照《止学》中大智慧去做的人都取得了非凡的成就，历史名人王阳明、曾国藩等人都是深耕细作《止学》大智慧，并于明清两代创造了辉煌。

《止学》是一部有着大智慧的书。千万不要小瞧这个“止”字，如果与“人”结合到一起，就是我们大家都要做好企业的“企”字啊！如果加上一个“业”字，那么，我们企业就会日益兴旺，这两个字“企业”当中的“止”字却关系着一个人的胜败荣辱，关系到一个企业的兴衰和发展。对于一个企业家而言，一个“止”字决定了平凡与伟大，对于一个普通的人而言，一个“止”字决定了成功与失败，止之奥妙，存乎于心，大智知止，止于至善。

一个懂得《易经》智慧的人，一定明白：艮者，止也！说明能够让我们停止的，一定是我们面前就有一座大山，这个艮卦就是大山的意思，所以，《止学》的智慧与《易经》的智慧是浑然天成的。

《止学》的智慧告诉我们：一定要明白，万事万物都有其自身的发展规律，只有我们能够证悟万事万物的本性，我们才能找到真正的规律，我们也懂得万事万物都有“适可而止”，切记不可以贪心不足蛇吞象，把自己的企业做到“至善”时，从最高点退出了，才是真正懂得化危机为商机的大企业家。

三、至善的智慧

《大学》当中的第一句话就是“大学之道，在明明德，在亲民，在止于至善。”

这个“止于至善”的“止”不是达到的意思，而是在“至善”的位置停下来的意思，“至善”的位置是不可以逾越的，就如同艮卦的山一样，遇阻回落是一样的。

这里关键的就是什么是“至善”的位置，对于投资者而言，那就是市场的最高点。比如，A 股过去的“6124”点和“5178”点；港股的“33484”点。这些位置现在看到没有用，关键的就是在这个高点当时，你能不能看出来这就是市场的最高点。很多专业人士都看不清这是市场的最高点位置，对于很多个人投资者而言，怎么可能判断出来这是市场高点呢？

比市场高点更难以判断的是人生的高点，因为人生的高点根本就没有数据可供你来判断，每一个人人生都有高点，你能否在人生高点做到离场呢？

所以，我们必须进入思维升级。

第四节　升维思考，认知升级

所谓的“升维思考”就是把互相看起来没有互相联系的各个元素，抽出各个元素最本质的东西来，取其长处，整合在一起，变成一个全新的东西。

老子的《道德经》第四十八章说：“为学日益，为道日损。损之又损，以至于无为，无为而无不为。”

很多人把这段话解释成为“求学就每一天增加一点，而修道就每一天减少一点，特别是人的欲望，要减少了还减少”。其实，这些人根本就不懂老子的圣人境界到底是什么？如果这样解释的话，我们常人都做得到，对圣人有什么意义呢？

首先，这个“为学”不是指探求外物的普通的求知活动，而是去掌握圣人“绝学”的学问，才是“为学”，而“绝学”就是百分之百正确的学问。

“为学日益”的“益”不是增加的意思，而是“升维思考”的意思，这个“益”字是让我们进入“升维思考”，通过“绝学”来解决其他学问无法解决的问题。

其次，“为道日损”的“损”不是减少的意思。

如何才能在升维思考当中“抽出各个元素最本质的东西来”呢？那就是要“为道日损”，这个“损”字不是减少的意思，而是探寻各个元素的本质的东西才是“损”。想要能够抽出本质来，必须“为道”。“为道”，就必须走入禅修的境界。

有的人一定会想，禅修不就是打坐吗？我们可以说禅修包括打坐，但是，仅仅打坐根本就不算禅修。

禅修境界第一大秘密是“事事磨炼、事上磨炼”。

这是阳明先生教给大家最好的禅修方法，我们在每一天的生活和工作当中，遇到的每一件事情都是我们禅修的机会，一定要在每一件事情上去寻找修炼的机会，无论我们遇到的是善事还是恶事都是我们很好的禅修机会。

王阳明曾说：“人须在事上磨炼，做工夫，乃有益。若只好静，遇事便乱，终无长进。”人必须在事上磨炼，做工夫才会有收益。如果只喜欢宁静安逸的环境，而没有经过各种复杂环境的磨炼，遇事就会忙乱，终究不会有长进。

古训有云：“宝剑锋从磨砺出，梅花香自苦寒来。”为人担不起大事，经不起磨炼，也就无法成为一个敢担当、有能力的人。人应该经历各种事情的磨炼，才能立足沉稳，才能达到“无论动还是静，都能保持心中沉定”的境界。

如果有人告诉你最好的禅修方法就是每天打坐，初学的人，哪怕每次只有 5 分钟都好，但要尽量多坐几次。如果一天能有十几次短短的禅修，一星期下来就会觉得生命变得不同了。那么，我想告诉大家，这样的人根本就不懂禅修，因为他们远离了自己的生活和工作，认为禅修是一件独立的事情，其实禅修与生活和工作是分不开的。[①]

① 摘自《禅修的两个大秘密，很少人知道》，禅武山人，2018。

今日给大家分享一个禅宗“磨砖成镜”的故事。

禅宗七祖南岳怀让禅师在广东曹溪侍奉六祖15年后，游历南岳衡山，寄住在般若寺。当时山中有一个年轻的小和尚天天在坐禅，怀让见这年轻后生一表人才，认为他是可造之才，或许就是般若多罗祖师预言的小马驹。所以多次找他谈话，准备接引他，可这位后生硬是不理。

怀让禅师于是拿来一块砖，天天在年轻人打坐的时候，在他的面前磨砖，这位后生就好奇地问怀让禅师：“师傅，你这是在做什么啊？”怀让禅师说：“我在磨砖做个镜子啊！”

年轻人哈哈大笑，嘲讽道：“真好笑，砖头怎么能磨成镜子呢？”

怀让禅师反问道：“年轻人，你在这里干什么？”年轻人说：“还用问，打坐呀！”

怀让禅师问：“打坐干什么啊？”年轻人说：“打坐为了要成佛啊！”

怀让禅师呵呵大笑，也嘲讽地说：“你既然知道磨砖不能做成镜子，那怎知道打坐可以成佛呢？”

这位年轻的后生顿时开悟，成为禅宗的赫赫有名的马祖道一大禅师。

这里应该有人悟道了：在投资当中修行，在修行当中投资。

禅修境界第二个秘密是“觉才是禅修”

禅修是要你保持觉性，时时刻刻要有感悟。真正的禅修是很平常的，当你每一天习惯在“事事磨炼、事上磨炼”时保持觉性，慢慢地就会发现，在日常生活中，你随时随处都在禅修。

一段时间以后，你会发现自己的生命开始发生变化了。你心中会有一种宁静的感觉，烦恼自然变少了，会看到周围的美丽，内心有一种很平静的喜乐。这个时候，再给自己每日禅坐10分钟的时间。

只要你能够安静下来，静静倾听内心的声音。既不要有什么希求的心，也不要随着念头乱跑，只是静静地与自己相处。

只要你保持清醒就够了，只要你保持轻松就够了，只是把自己安住在当下的状态就够了。这样每天坚持在你的自然状态中，看到什么都不要跟随，想到什么更不要分析，只要你安住在当下的那一刻就够了。

慢慢地，你会开发出像天空一般的自性来就会发现躲在背后的真正的自己。

恭喜你，进入禅修的境界了。

禅修就是把握当下，始终保持觉性，感知未来，尽管未来还没有呈现，但是只要保持觉性就会进入未来的境界。这时候不会留恋过去、不会担心未来，而是学会了观察未来，观察到那些还没有来，但是一定会来的景象。

那时，一切都能清清楚楚地看到，非常明亮清晰，但是心里没有任何念头，一心不乱。①

这个时候，你就能进入“升维思考，认知升级”了。

有的人会告诉你：升维思考就是把简单的问题做复杂。其实，这是不懂升维思考“为道日损”的结果，只有把“各个元素”的本质抽

---

① 摘自《禅修的两个大秘密，很少人知道》，禅武山人，2018。

出来，才能组合全新的东西和未来。

周朝刚刚创建之时，周公把当时刚刚灭的商朝凌乱的局面用一套全新的概念—周礼整合起来，以至于500年后孔子为了恢复周礼而创建了儒家之说。这是在中国历史上第一个能够用“升维思考”成功实现建国大业的典范。

而周公之后的2000多年，元世祖忽必烈是再一次用“升维思考”创造历史奇迹的人，忽必烈把“升维思考”做得更加淋漓尽致。

我们在电视剧《神雕侠侣》和《马可波罗》当中，可以了解到忽必烈是如何用“升维思考”的智慧打造元朝帝国的呢?

《神雕侠侣》里郭靖的原型是吕文焕将军，是当时南宋负责镇守湖北一线的最重要的将领。蒙古蒙哥大汗被击毙确有其事，但不是在湖北的襄阳，而是在现在的重庆合川的钓鱼山。钓鱼山成为南宋最后一道防护屏障，而三十六位将军为了城中上万名百姓的性命，投降元朝之后，拔剑自刎可歌可泣的故事，至今流传。

蒙哥大汗战死之后，按理忽必烈就应该继承大汗的汗位，因为忽必烈是蒙哥大汗的弟弟。

忽必烈是成吉思汗的孙子，他的父亲是《射雕英雄传》里著名的拖雷安达。

成吉思汗有四个儿子：

大房家的术赤，打下了今天俄罗斯贝加尔湖一带。

二房家的察合台，打下了今天中亚这一带。

三房家的窝阔台，打下了印度北边到中亚一带。

成吉思汗把征服下来地盘分给了这三个儿子统治，于是就有了：

金帐汗国、察合台汗国和窝阔台汗国。

四房家拖雷，就是忽必烈家族。

蒙古当时流行“火灶守护者”制度：让小儿子留下来看家。所以成吉思汗死后，大汗就是拖雷家族继承的。

蒙哥做大汗时期，也想延续成吉思汗发热做法，继续扩张。所以蒙哥先灭金国，让兄弟旭烈兀出兵阿拉伯，成立了伊尔汗国。

蒙古四大汗国就是这么来的。

蒙哥大汗突然战死在重庆的合川，让忽必烈很被动，因为蒙古没有严格的继承制度，是通过推举的方式来继承大汗位置。

他急急忙忙从前线赶回去准备继承汗位，但是，在他还没来得及赶回蒙古本部，弟弟阿里不哥，已被推举为新一任大汗了。

当时忽必烈面临的问题相当棘手：如果采取兄弟相残，那么扩张又走到了极限，马上就要走下坡路。所以，此时的忽必烈采取了升维思考策略：要做大汗，不能通过兄弟相残来解决问题。

忽必烈“升维思考”的认知升级

后来历史证明，忽必烈通过升维思考不仅把问题都解决了，创造了人类历史的奇迹。

1．修建两都城，用概念整合了中原与南宋。

忽必烈在得知弟弟阿里不哥继承大汗之后，忽必烈没有回到蒙古，而是转身去了河北的金莲川，在这里修了个都城，就是后来的元上都。

随后他回金国中都，找大工匠刘秉忠和郭守敬修建了一座八卦城，也就是后来的元大都，又叫汗八里，蒙古语意思是大汗之城。

四年后，两座都城成型，忽必烈对外称帝，国号大元。大元取自《易经》的乾卦：大哉乾元，万物终始，乃统天。

有了这两座城，忽必烈在蒙古族人和汉族人之间制造了一个共同的认知：他既是草原大汗，也是汉人皇帝。

忽必烈此举，不仅化解了草原蒙古族的戒备，更化解了汉族人的敌意。

原来的南宋的“南天一柱”吕文焕抗元最激烈，最后由于看到忽必烈确实想打造一个真正的国家，所以放弃抵抗降元了。

南宋到最后几乎毫不抵抗，就把政权移交给了蒙古，至自此元朝正式统一了大中华地区。

这就是忽必烈的智慧：站在更高维度思考问题，运用了升维思考策略，来解决极其棘手的问题。

所以，升维思考的目的是解决一个新的问题，而通过整合资源的手段，把各个元素的本质的东西组合到一起，形成一个新的未来。

2. 整合江南和蒙古。

忽必烈在金莲川和大都中间修了一个忽必烈王道，在道路两旁开工厂做产品生产瓷器、葡萄酒、香料等，然后每年让蒙古王公过来取用。

到后来，昔日的陆路丝绸之路和海上丝绸之路，也意外地被忽必烈给盘活了。

这个系统后来越做越大，全世界各地的商人，其中最著名的艾哈迈德（阿合马）和蒲寿庚都被加入了这个商贸系统，甚至包括著名的意大利威尼斯商人马可波罗，都不远万里来中国做生意。

3．通过兄弟旭烈兀的伊尔汗国，把四大汗国整合成一个全新的商贸系统。

忽必烈每年给蒙古王公发白银，通过其弟弟旭烈兀的伊尔汗国来的色目人商人来搞活商贸系统，元朝的商贸系统被彻底激活，白银全球流通。

忽必烈从宣布改元到他去世，一共在位 23 年，就在这 23 年里，他不仅夺回了大汗的位置，建立了大元，还重新盘活了整个蒙古帝国的内部系统，成就了一个辉煌的大元帝国。

4．一个幸福的时代：蒙古自由主义。

大元帝国的忽必烈时代，史学家也称做蒙古自由主义。

由于税收主要依靠工商税，农业税被极大降低；由于蒙古帝国疆域辽阔，汉人百姓不需要服兵役，这样老百姓过上了几十年的幸福生活。

正如诗人李开先在《西野春游词序》所说："元不戍边，赋税轻而衣食足，衣食足而歌咏作"。所以，在中国历史上出现"元曲"的辉煌时代。

连后来明太祖朱元璋都说："元自世祖，混一天下，宽恤爱人，亦可谓有仁心矣，但其子孙能持仁厚之心，守而不替，社稷之福也，元主中国，殆将百年，其初君臣朴厚，政事简略，与民休息，时号小康。"

第五节　禅修心法，财富秘密

禅就是思惟修

一说到“禅”，有的人总是把它归结到佛教，其实，“禅”是梵语“禅那”的音译，其意译是“思惟修”，在我们儒家称为“静虑”。也就是说它不仅仅是佛教才有的修持方法。之所以说是“思惟修”，是要我们常人能够把心放下来。其实，这个修持与宗教毫无关系，不是信仰宗教的人一样都需要“思惟修”。所以，这个“思惟修”必须将内在的心放不下了才能真正做好投资的事情。

最上乘禅，切忌脱离生活而去修禅，就如同“道不远人，远人非道”一样。离开了我们的生活和工作去修禅，就根本无法得到禅修的心法。故其为道也，参为无参之参，无参无不参；悟为无悟之悟，无悟无不悟；修为无修之修，无修而不修；证为无证之证，无证无不证。于虚极静笃、寂定空冥时，一灵独耀，神光晃晃，全体内外，浑成一片，心明性见，究竟涅槃，便自顿超直入先天地境界矣。

禅以心为宗，以无门为法门。超凡圣而非凡圣所能测，超理悟而非理悟所能穷，超名相而非名相所能极，超时空而非时空所能囿，且复超文字而非文字所能诠，超语言而非语言所能传，超生死而非生死所能限，超佛法而非佛法所能范。无所不超而又一无所超。一无所住而又无所不住。故其为道，难言也，亦不可以言也。而其为义，难指也，亦不可以指也。设有一于是，则死矣！禅以活法为天机。一如道家之丹宗然。一陷死地，岂得证禅！①

禅修心法

我们在静坐时都要观心，这个“心”，不是明心见性的心，这个“心”代表我们的思想或念头，这个念头一来，心就乱了。比如，春节期间有亲人要来看我，我要请他去餐厅吃饭还是在家里吃饭呢？去喝咖啡还是喝茶呢？这样已经是三四个念头过去了。算了，还是请他喝杯茶就可以了，或是就在家里吃好了。不来最好了，太麻烦了，我又没钱……念头一个个跳来跳去，这个“心”就是这个样子。②

再比如，有的人买了一只股票，就想怎么还不涨呢？怎么大盘上涨，而我买的股票反而是下跌呢？算了算了，解套就跑，等到好不容易解套了，跑了，结果一只大牛股飞天了。

大家可以想象一下，如果是这样的人，他的生活或者投资能够做好吗？所以，要“思惟修”，只有“思惟修”才能练就自己“一心不乱”，才能真正打开财富的秘密。

我们要看清楚，当前面一个念头跑掉，而后面一个念头还没来时，中间有时间是空的，保持中间这个空，就叫观心法门，这样就先做到了第一步。

中间这一段空，天台宗和禅宗，称其为三际托空。前际的念头过去，后际的念头没有来。现在这个念头，当下是空的。

---

① 摘自《禅宗心法》，萧天石，华夏出版社，2007，11。

② 摘自《南师开示：禅宗的观心方法》，2017。

比如，我们讲“现在”，立刻过去了，没有了，当下就空了。《金刚经》上说：过去心不可得，现在心不可得，未来心不可得。中间是空的，如果讲一个中际，立刻又落入一个前际。

开悟的人曾告诉大家，不妨走从前古人的路线，用观心法门观察自己，以现在的观念而言，就是检查自己的心理状态。

我们的心理状态，所有的思想、感觉可以归纳成三个阶段，三段时间分为：过去、现在、未来，古人称前际、中际、后际。

这个修持的方法，不一定要盘腿打坐。当我们静下来时，观察自己的思想，如果发现是一团纷乱，那么我们就要进入这个修持的方法。

然后，我们再观察自己的念头，前一个念头过去了，没有了，就像这句讲过了，我们也听过了，每一句话，每一个字都成为过去，一分一秒都不曾停留。换言之，念头本身停不住，永远在流动。像一股流水一样，永远不断地在流。它是一个浪头连一个浪头，很紧密地连接着。如果再仔细地加以分析，它像是一个个水分子，密切连成一条河流。实际上，前面一个浪头过去了，它早就流走了，后面的还未接上来。这时候，假如我们把它从中截断，不让后面的浪头上来。中间就没有水了，心理状态也像这样。

又比如，我们把开关打开后，第一个电子的作用上来，马上放射，很快就没有了，后面电的功能不断地接上来，我们就一直能看到亮光，事实上它是生灭的，所以看到日光灯有闪动，也就是因为这个道理。

我们的心理状态，也是这样在如是生灭，只是我们自己不觉得，以为自己不停地在想。实际上，我们的思想、感觉，没有一个念头是连着的，每一个念头都是单独跳动的。

所以念头用不着去空它，太费事了，它本来是空的，一般人听了心法，一上坐就求空，用自己的意识去构想一个空，这是头上安头，是多余的。

不过，现在的问题是，念头流走还容易懂，可是后面第二个念头怎么来的？它的来源找不出来，这是一个值得参究的问题。为什么我们并没有想它，而它自己会来？尤其是打坐的人，本来想清净，偏偏念头来了，有些念头平时根本想都不会想的，只要一打坐，几年前的事，都想起来了。

比如，有则笑话讲一个老太婆打坐，下坐以后，告诉别人：哎！打坐真有用，十几年前，某人向我借1元钱，一直没有还我，打坐时，倒想起来了。这可不是笑话，它说明一个事实，心里越宁静，所有的东西都自然在脑中浮现了。怎么来的？这是很重要的问题。假如前一个念头过了，后面的念头不接上，中间不就空了吗？这个念头怎么来的？那个去找的，又是一个念头。不要去引动它，也不要寻找它，不要怕它来，它虽然来了，但也一定会过去。只是这里头有一个东西，那个知道自己念头跑过去了，知道念头又来了，那个东西没有动过，要找的是那一个。那个就是《心经》上所讲的："观自在菩萨，行深般若波罗蜜多时，照见五蕴皆空"的"照"，永远在照。这个"照"字用得非常好，像一打开灯，灯光就把我们照住了。

大家因为不明白这个理，所以专门在乱跑的念头上想办法，想把它截断。其实看到念头，照到念头的那个，并没有动，也不需要截断念头。我们明白有一个主人，看到这些杂乱念头，这是我们本有的功能，这个功能永远静静地在那里，久而久之，这些连绵不断的妄念不会来了。等于客人来家里，主人并没有说“你出去”，也没说“请进来”，不拒不迎，妄念自然跑了，这是最初步。

能够随时在这个里头，慢慢观心，观察烦恼习气。只要一观察，烦恼习气就没有了。只要照住它，它就空了。

有的人把静坐讲得很神奇，其实，静坐的方法很简单，最好的方法是什么都不用，说静就静了，这是一个观念问题。现在大家可以闭着眼睛体会一下，注意看自己念头，第一个念头已经跑了，未来的念头还没有起来。这两个念头之间就是空的，叫做“三际托空”。

《金刚经》讲“过去心不可得”，过去抓不住的，已经过去了；“现在心不可得”，刚说现在，现在立刻成为过去了；“未来心不可得”，未来还没有来！这三个念头之间都是空的，所以不可得。

所谓“三际托空”，这个“托”字，是假设的连词，并没有一个托的现象，三际是本空的，要静就静了，用这个方法假名“观心”，自己看自己的念头，前一个念头跑掉了，后面的没有起来，你不要去引发！等到念头一旦起来变成现在，说个现在也没有了。

所以大家进入禅修境界就是求一个静，就是前面和大家讲的“艮卦”的智慧，也是《止学》的智慧，而念头本身它是本空的，是本净的，不是你去空它的，你要认识这个，就得禅修心法，就宁静了，越宁静，你的身心就越健康，同时，你就进入了财富的秘籍。[1]

财富本质

一说到财富秘籍，有的人马上就想到“一夜暴富”。

---

① 摘自《汉学行家—南怀瑾老师讲“三际托空”（上）：禅宗的观心方法》，2006。

“一夜暴富”这个话题有没有呢？当然有，但是，不是你我都能得到的。我想跟大家分析的是如何通过投资来实现这个目标，而不是靠拆迁和中彩票等非技术手段来达到“一夜暴富”的。

图 4－7 财富的本质

这里首先需要和大家分享美国人威尔金的一本书《财富的本质》。作者本身不知名，但他满世界调研，研究富豪们是如何成为富豪的。

在这本书中作者研究了当时美国的钢铁大亨安德鲁·卡内基、石油大亨洛克菲勒和银行家摩根等是如何成为富豪的。

研究之后发现：这些顶级富豪都是从普通家庭走出来，甚至是穷苦家庭出身，靠努力与机缘在中年实现财富的。

一个人怎么可能从零起点，最后做到富可敌国呢？这背后的秘密是什么？

也许有人会说，没兴趣也没指望自己能成为亿万富豪，但掌握赚钱背后的机制，至少可以让你想挣钱的时候知道怎么努力。

财富的秘密就是无风险套利

所谓的套利，抽象理解就是利用剪刀差，赚取超额回报。通俗的说法就是找到绝大多数人找不到的赚钱机会。

大家都知道风险越高收入越高，这是基本常识，但无风险套利正好相反。

打个不恰当的比方，靠风险—回报逻辑赚钱的人，类似佛家的“六道轮回”。

如果真正想成为巨富，就得找到办法摆脱六道轮回。而无风险套利就是能够摆脱“六道轮回”的方法。

《财富的本质》讲了一个名叫克拉苏先生的故事，这位克拉苏先生是罗马帝国的缔造者之一。

提到罗马帝国缔造者，最有名的非凯撒大帝莫属，而克拉苏先生就是凯撒大帝背后的“金主爸爸”。

从凯撒一名不闻，到一路扶植他上台，克拉苏先生是凯撒的幕后推手。完全类似我们中国在春秋战国时期的吕不韦扶持秦始皇一样。吕不韦的故事我们很多人都知道，通过“奇货可居”的方法，把秦始皇的爸爸秦公子异人从在赵国做人质接回秦国做太子，最终秦始皇得以建立大秦国统一中国。而吕不韦由一个商人到秦国的相国，实现了自己人生的“无风险套利”。

在古罗马帝国，克拉苏先生用了同样的“无风险套利”实现了自己人生的辉煌。

我们来看看克拉苏先生是如何用“无风险套利”来实现自己的财富的。

克拉苏在二十多岁时，家道中落，全家被定成政治犯，自己四处流浪，多年以后才重回罗马。

克拉苏发家致富概括起来主要有两个：

第一，没收别人财产。克拉苏托关系回罗马后，找了份工作：抓政治犯。他只负责抓人，但凡审讯过程中发现有隐秘资产，就想办法据为己有。不过这个非常规办法很快东窗事发，只能作罢。

第二，训练奴隶。在古罗马时期，奴隶是没有人权的，而克拉苏把奴隶培养成为救火队员，就是我们现在的消防员。由于消防员在古罗马是个全新的职业，克拉苏很快就垄断了罗马的消防业务。

每次有富人家里着火，他就带着救火队冲过去，但在救火前会跟这些富人签协议，直到对方低价出售房子给他，才出手救火。

这就是明显的“趁火打劫”，克拉苏就是靠着这个手段，囤积了大量的房产。

几年后，克拉苏动用手段推动了一项立法，就是谁要参选议员就必须在罗马拥有房产才可以。此法案一出，很多想要参选议员的人都跑到克拉苏这里购买房产，这一轮下来，克拉苏成了罗马巨富。

从克拉苏的操作里，可以提炼出“无风险套利”的两个方法：

第一，不追求最好，只追求唯一。克拉苏做的事没有什么风险，但赚钱的空间他是第一个发现的。而且“卖房救火”这件事不违法，只是很不道德。

第二，消灭竞争，去不成熟的领域。克拉苏时代的古罗马，有两个经济支柱，即油灯业和鱼酱业，当时大多数罗马富商都做这种消费品的生意。

按照经济学模型，充分竞争的市场，利润率几乎为零。而克拉苏的消防队生意，就仅此一家。

无风险套利空间来自产品与服务的唯一性，想获得唯一性最好的方法是消灭竞争。

钢铁大王卡内基、石油大王洛克菲勒、银行家摩根，包括现在的比尔·盖茨，他们的套利方法都是消灭竞争。

有的人在想现在根本就没有“无风险套利”了，一是所有产品都有，没有唯一性的产品了；二是现在所有的产品都无法消灭竞争，所以，没有“无风险套利”了。

这些富豪虽然都是实业家，但他们只关心两件事：

第一，不断提升生产效率。

第二，哪里有竞争对手，就用资本运作的方法，收购或是并购，以此消灭竞争。所以，现在通过资本收购的方式依然可以实现唯一性和消灭竞争，不是没有，只是大多人还没有想到而已。

绝大多数通过创业实现巨富的人，有个共同特点：就是他们发现了一个新行业。像洛克菲勒、摩根那些人，虽然后来经常被吃“反垄断官司”，但那时他们都已经完成了行业垄断。

在中国近些年互联网创业企业也是如此。

腾讯、阿里巴巴、百度、滴滴打车、共享出行、互联网金融等逐渐形成了巨头格局，但没人说它们垄断，因为当时行业版图都不清楚，也没有相应的法律来规范，尽管他们也将在未来面临“反垄断官司”，但是，格局一旦形成就很难被打破。

新的行业风口普遍都存在“无风险套利”空间，遍地是金子，且行业刚刚诞生，法律需要时间才能跟上。

所以这期间就存在“无风险套利”，可以绝对是合法赚钱，因为这个领域目前没有法律规范。

《财富的本质》还说了两个财富思路

思路一：是去商业环境最恶劣的地方淘金。

比如，浙江人就敢在伊拉克战争期间去做生意，也会去非洲等环境恶劣的地方做生意。

思路二：是进军新兴国家的市场。

比如，东南亚的柬埔寨、缅甸等国家就相当于我们国家20世纪90年代，到处都是尘土飞扬，公路依然还是泥土路，进入这样的新兴国家的市场就有赚取财富机会。

其实，无风险套利不仅没有风险，还能以小搏大。但对绝大多数人来说，这只是概念，不敢付诸行动。

想真正实践这套理论，必须有强大的反直觉思维，以及一颗真正想改变命运的心。

就是在当下的中国也不是没有“无风险套利”的机会，比如，深圳有些投资者就会把自己价值两千多万的房子抵押出去，把这些资金投入投资机构，而这家投资机构能够实现至少每年30%以上的增长速度，那么这些投资者就可以在三年时间赚回一套房子的价值，而且房子依然在手中。

但是，这里有一个问题：就是你能不能找到这样的投资机构，并且相信这家投资机构能够实现30%以上的增长呢?

如果你能够发现这样伟大的企业，那么，你当下就能够把握财富的秘密，实现“无风险套利”。

那么，这个伟大的企业在哪里?

第六节　刘伯温：广九碑文

清朝末年“洋务运动”开始中国大力发展工业，而发展工业的基础就是修建铁路，当时的京广铁路修到广东省东莞市的时候，在该市的八景之一“宝山石瓮”处，铁路工人们挖到一块有铭文的石碑，碑上刻有百字，排列奇特，无人能读出。

原文如下：

大
道本無涯際人愈好愈奇
人思雖系入除和算要知
有邊日期口急急真佛金
憂半堤木金水合改子丹
樓字垂大願人大人還九
憑會栖檐嘻笑八也西轉
證赴楊洪嘻笑九把方爲
引華着劫齊同九刀八玄
少中趙歸辟完乃提面妙
移來濟船兒張離眼着玄
不點半字上會同合箇機

图 4－8 广九碑文

大

不移少引证凭据处有人道
点来中华赴會字半边思本
半济赵着杨柳垂堤日维无
字船归劫洪誓大木期系涯
上兑壁斉嘻嘻願金口入际
会巽完同笑笑人水急除人
同离乃九九八火合急扣愈
合眼提刀把也人改莫算好
个着面八方西还子佛要愈
机玄妙玄为转九丹金知奇

石碑被送到东莞县衙，很多人都没有读出其中奥妙，好在被师爷读出了其中奥妙。

碑文的意思很明确，碑文暗示要发生一件惊天动地的大事件，但没说何时发生。后人也称它百字铭。

百字铭是刘伯温在生前四方埋下石碑的一处，四处石碑分别在陕西太白山、广东东莞、南京金陵和北方长城石碑，其中前三处都已经发现。这件事情被清朝末期的文学家徐珂在《清稗类钞》中收录下来，并作了简单的归类，介绍百字铭的来历。这本《清稗类钞》的存在可以说明刘伯温的广九碑文确定不是今人杜撰的。

《清稗类钞》是民国时期徐珂创作的清代掌故遗闻的汇编。

该书从清人、近人的文集、笔记、札记、报章、说部中，广搜博采，仿清人潘永因《宋稗类钞》体例，编辑而成。记载之事，上起顺治、康熙，下迄光绪、宣统。全书分九十二类，一万三千五百余条。

书中涉及内容极其广泛，举凡军国大事、典章制度、社会经济、学术文化、名臣硕儒、疾病灾害、盗贼流氓、民情风俗、古迹名胜，几乎无所不有。

作者态度比较严谨，许多资料可以说是补清朝正史之不足，特别是关于社会经济、下层社会、民情风俗的资料，对于研究清代社会历史，很有参考价值。全书事以类分，类以年次，分类详细，纲目明晰，颇便查阅。文字简约，清畅可读。①

作者徐珂（1869－1928），原名昌，字仲可，浙江杭县（今杭州市）人。光绪年间（1889 年）在他 20 岁的时候考中举人，后任商务印书馆编辑。曾担任袁世凯在天津小站练兵时的幕僚，不久离任。

1901 年，在上海担任了《外交报》的编辑，当时的《外交报》的成员有董理一人（即张元济）、撰述一人（即蔡元培）、编辑一人（即徐珂）、译西文报一人（温宗饶）。这些人可以说都是当时清朝末年大名鼎鼎的人物。

1911 年，杜亚泉接任《东方杂志》主编一职，对刊物进行了改革，杂志有了很大的改变和发展，这个时候徐珂就接任《东方杂志》“杂纂部”的部长。与潘仕成、王晋卿、王辑塘、冒鹤亭等人是好友。就在这个期间，徐珂全力在编辑《清稗类钞》，同时在他领导下编辑

① 摘自《清稗类钞_ 休竹客》，2016。

出版的有《上海指南》《日用须知》《醒世文柬指南》《通俗新尺牍》等。徐珂一生的著作有《清稗类钞》《历代白话诗选》《古今词选集评》等。

此百字铭是由外往内旋转的嵌头诗，从“大”向右旋转，读至“道本无涯际”，六字为一句。上句第六个字里，嵌有下句的头，不是简单的藏头诗，因为“际”字嵌有“示”字，“奇”字嵌有“可”字，如此往复…… 如此下去才有了师爷的解读：

其实，广九碑文是五句完整的诗词：

大道本无涯际，示人愈好愈奇；
可知金丹九转，专为玄妙玄机。

几个合同会上，一字半点不移；
多少引证凭据，居处有人思维。

佳系入除扣算，廾要佛子还西；
四方八面着眼，艮离巽兑船济；
齐来中华赴會，日字半边日期。

其口急急莫改，文人也把刀提；
是乃完璧归赵，走着杨柳垂堤。

土木金水合火，八八九九同齐；

月劫洪誓大願，原人笑笑嘻嘻。

在解读这五句诗词之前，我们需要先了解一下刘伯温这位古圣人。

图4－9 刘伯温

在明太祖朱元璋打天下的时候，朱元璋身边总是有一位老人跟随左右，朱元璋也恭敬地其呼为“老先生”，从来不叫他的名字。每次遇到重要事情，都要找老先生关起门来和他商量对策。明朝建立后，对老先生还是很钦佩，说满朝都是朋党，只有他一个人不是，一世都是个好人。这个“老先生”就是刘伯温。

刘伯温原名刘基（1311－1375），字伯温，浙江青田（今浙江文成）人。元末明初政治家、文学家，明朝开国元勋。

元至顺年间，刘基中进士。至正十九年（1359），受朱元璋礼聘。他上书陈述时务十八策，备受宠信。参与谋划平定张士诚、陈友谅与北伐中原等军事大计。

比较奇特的是在元末起义时，刘伯温给朱元璋的策略不是建立统一战线，联合几家农民起义军与元朝决战，而是要朱元璋先打败陈友谅的起义军，之后再收拾张士诚的起义军，最后才是与元军决战，特别是在与陈友谅大军在鄱阳湖决战的时候，以少胜多，以弱胜强，火攻陈友谅大军显示出来刘伯温超强的智慧。

至元二十七年（1367）为太史令，进《戊申大统历》。奏请立法定制，以止滥杀。朱元璋即位后，他奏请设立军卫法，又请肃正纪纲，曾谏止建都于凤阳。洪武三年（1370），被封诚意伯，故又称刘诚意。次年赐归。刘伯温居乡隐形韬迹，只饮酒弈棋，口不言功。

刘伯温精通天文、兵法、数术等，尤以诗文见长。诗文古朴雄放，不乏抨击统治者腐朽、同情民间疾苦之作。与宋濂、高启并称“明初诗文三大家”。著作均收入《诚意伯文集》。

刘伯温辅佐朱元璋平定天下，把中国道家文化发挥得淋漓尽致。朱元璋多次称他为“吾之子房”。在中国民间，也流传着“三分天下诸葛亮，一统江山刘伯温”的说法。

我们先来看看刘伯温的第一首诗：

大道本无涯际，示人愈好愈奇；

可知金丹九转，专为玄妙玄机。

大道本无涯际：刘伯温是道家的大家，所以，刘伯温处处以

"道"示人，而刘伯温的"道"必然是继承老庄的"道"，老庄的"道"是大道无形的，同时也是毫无边际可言的，可以说在尽虚空之中都是有"道"的存在，只是"百姓日用而不知"而已。

示人愈好愈奇：由于众生是没有追求真理真相之心的，只有好恶，所有人都是好好色，恶恶臭，所以，以道示人的时候，只能是越好他们就越好奇。其实，这仅仅是道的一个方便法门而已，只要他们能够进入道，最终还会好好研究道的。

可知金丹九转：大家都知道《西游记》中的太上老君是炼金丹的，他用三昧真火和八卦炉炼金丹，孙悟空总是偷吃金丹。这是告诉我们三昧真火就是三寸气，用三寸气炼出自己的真气，三寸气就是我们学练的内功呼吸方法。道家的内功首先要练习调息，使肺气充足，肺朝百脉才能气血畅通，才能打通任督二脉。[①]

这个"九转"不是要转九次，而是要内功在体内从一宫肾部淬火到九宫离火，如此反复，才是"九转"。这句话刘伯温是想要告诉大家：一定要苦练道家的内功法门才能做成后面的大事情。

专为玄妙玄机：禅宗讲究的一个究竟的法门就是当下即顿悟和言下即顿悟，不能有所迟缓。其实，这是与道家有密不可分的玄机的，所谓的玄妙玄机是指道家的修炼与禅宗的修炼一样，都讲究一个"妙"，这个"妙"就是只要内功练得好，那么在"金丹九转"打通任督二脉之后，就会立刻悟道：有之以为利，无之以为用。

我们再来看看第二首诗：

---

① 摘自《传统社会侠文化与法律文化研究》，李晓婧（导师：张仁善）《南京大学博士论文》，2013，05，01。

几个合同会上，一字半点不移；

多少引证凭据，居处有人思维。

几个合同会上：此“合同”非彼“合同”，刘伯温时期的“合同”并不是我们现在的合约，而是指几个志同道合的人一起共同做一件伟大的事情，这个伟大的事情一定是“积极向上”的事情。

一字半点不移：“一字半点”是指前面那个“上”字中的“一”字半点，这个“半点”是不能移走的，“一字半点不移”就是一个“止”字，要想做成这个伟大的事情，必须学会“止学”和艮卦智慧才可以。

多少引证凭据：而要做成这个伟大的事情，必须能够引证古代先贤的智慧，“引证”这些智慧的时候，一定是要有根据（凭据）的，才能够抓住先贤智慧的本质。

居处有人思维：禅就是思惟修，道家人在做成大事情之前一定是要经过严格的学习修炼的，同时，在和人分享道家真功夫的时候，绝对不会讲透，就如同老子所说行不言之教，处无为之事，其目的就是让人能够进入思惟修当中。

我们再来看看第三首诗：

佳系入除扣算，廾要佛子还西；

四方八面着眼，艮离巽兑船济；

齐来中华赴會，日字半边日期。

佳系入除扣算：真正进入思惟修的人一定会进入老子说的“为学日益，为道日损”的阶段，这个时候就是“入除扣算”。要想能够掌握老子的绝学，就必须进入“升维思考”，才是“益”，而真正“为道”就要抓住本质。

廾要佛子还西：道家的本质就如同“佛子还西”一样，真正学佛之人一定是跳出三界外，不在五行中。而西方就是八卦的兑卦，兑卦就是喜悦的意思。所以，我们倡导的是“法融”，真正能够把儒、释、道三家文化融到一起的人才能真正掌握道的本质。

四方八面着眼：要想能获得西方兑卦喜悦的状态，仅仅观察西方是不够的，必须在“四方八面着眼”。

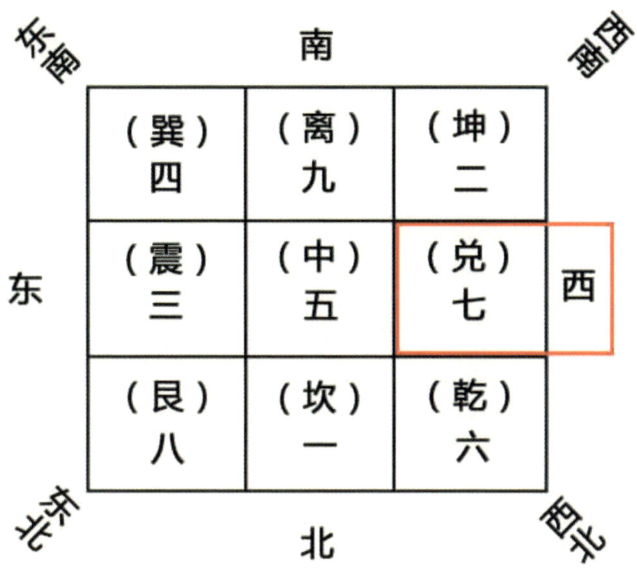

图 4－10 九宫八卦图

从图 4－11 来看，四方八面都有一卦：东方是震卦，南方是离卦，西方是兑卦，北方是坎卦；而西北方是乾卦、东北方是艮卦、东南方是巽卦、西南方是坤卦。

艮离巽兑船济：从图 4－11 来看，艮卦是我国的东北部，离卦是我国南方广东粤港澳大湾区，巽卦是东南地区，兑卦是我国的西部地区。也就是说我国的东北部、南部、东南和西部是我国未来发展的重要之地，这四个地区在未来有大的发展机会。

在明朝时期，交通最发达的是船运，所以，刘伯温预测未来这四个地方有大量商船过来与中国做贸易。

齐来中华赴會：海外这些商船都来中华，说明大中华在未来有明显的发展商机，而刘伯温能够这么早就提出"中华"这个名字，可见其伟大之处。

日字半边日期：到底什么时候能够来中华呢？那就是逢"丑"年，2021 年是辛丑年，所以，大中华在逢"丑"的年份都有很大的发展机遇。

我们再来看看第四个四句偈：

其口急急莫改，文人也把刀提；

是乃完璧归赵，走着杨柳垂堤。

其口急急莫改：大家都能异口同声地看好大中华的未来，而中国真正的未来是文化自信的结果。

文人也把刀提：中国不但是五千年文化的自信，更重要的是中国五千年"文人"延续不断创造文化的辉煌，"文人也把刀提"就是文人在未来将要能够干出大事情来。

是乃完璧归赵：这个大事情就如同"完璧归赵"一样，最终还是要归还给国家，文人创造的财富也是国家的。

走着杨柳垂堤：当这个大事情干成的时候，我们走在"杨柳垂堤”之上，享受着春风化雨，不是很好吗？

我们再来看看第五首诗：

土木金水合火，八八九九同齐；

月劫洪誓大願，原人笑笑嘻嘻。

土木金水合火：金木水火土是世间永不变的五种物质，而这五种物质之间是相生相克、相辅相成的。金生水，水生木，木生火，火生土，土生金，如此循环往复；而金克木，木克土，土克水，水克火，火克金，也是如此循环往复，才造就了生生不息的世界。

八八九九同齐：八八六十四卦，恰恰是《易经》六十四卦数，而九九八十一恰恰是老子《道德经》的八十一章内容。刘伯温是想告诉大家要想能够干成大事，必须好好学习《易经》的六十四卦和老子《道德经》的八十一章内容。

月劫洪誓大願：想要干成大事情，必须发“洪誓大愿”，而且每一个月都要好好总结。

原人笑笑嘻嘻：这件大事情做成时，必然是所有人都嘻笑颜开之时。

我们从以上刘伯温的广九碑文可以看出：一个人要想干成大事，必须好好研究道家文化，发扬道家文化，能够将儒、释、道三家智慧集于一身的那更是大智慧之人，大智慧之人才能干成大事情。

一个大智慧的领导人的才能成就一个伟大的企业。

小结：

通过本章学习，我们发现：只有将东方古典哲学智慧完全融会贯通，从金融到法融，才能把东方古典哲学智慧应用到投资上，才能践行我们国家共同富裕之路。

阳明先生的“知行合一”和王通先生的“大智知止，止于至善”可以让我们的心念升级，能够让我们的思维升级，掌握财富密码，实现共同富裕。同时，刘伯温广九碑文更是让我们充满了传统文化自信，能够看到五百年后的“齐来中华赴会”，这就是未来时间维度让我们的思维从三维升级到四维。

后序 耐心才能听到财富的声音

人人都想拥有亿万财富，终其一生都在寻求财富增长的方法。有这样一位年轻人，他在秋天的时候，听说一座名山里有座大庙，庙里住着一位得道的智者，能给人以生活的指引。年轻人于是就慕名而来，他对智者说："大师啊！多年来我的家境生活困苦，请教给我一种能获得亿万财富的方法吧！"

智者看了看年轻人，一语不发，带着他来到寺庙的庭院中，庭院有数十亩面积，里面长满近千株参天的百年银杏老树，智者从庙檐下拿起一把扫把，对这位年轻人说："如果你能把庭院里的落叶都打扫干净，我就会把如何赚到亿万财富的方法告诉你。"

年轻人虽然有些半信半疑，但看到智者表情如此严肃，又加上亿万财富的诱惑，就犹豫地接过扫把，开始扫起地来。扫了一个小时，好不容易从庭院的这端扫到另一端，眼见总算扫完了，年轻人内心不由一阵狂喜，可就在他拿起簸箕，转身回头准备收拾起刚刚扫成一堆堆的落叶时，却看到刚扫过的地上又掉满了新的落叶。

懊恼的年轻人只好加快了扫地的速度，希望能赶在新树叶掉落之前扫光庭院，他来回奔跑，累得气喘吁吁，但经过一整天的忙碌，无论他怎么努力，庭院里仍到处是遍地的落叶。年轻人怒气冲冲地扔掉扫把，跑去找智者，质问智者为何这样愚弄他。

智者指着地上的树叶，面带微笑地说："欲望就像地上扫不尽的落叶，层层掩盖了你的耐心。只有耐心之树，才能结出黄金之果。你心上有着亿万的欲望，身上却只有一天的耐心；就像这秋天的落叶，一定要等到冬天叶子都掉光了才能扫得干净，可是你却希望在一天之内就完成。你贪财的心如此迫切，可你的耐心却还没有一个秋天那样久长，又怎么可能听得到财富的声音？"

生活中，我们掏出一串钥匙，却常常是最后一把钥匙才打开了门锁。同样，耐心也是投资者必须具备的要素之一。无论是价值投资还是趋势投资，最终都要归终禅易投资，几乎所有的回报都来自耐心和恒心，那些自信只需要学很少的投资知识，做很少的投资分析工作，就能在投资市场中获得成功的投资者，毫无例外地是在做着白日的美梦！

耐心与坚持是东方古典哲学智慧精髓

俗话说："心急吃不了热豆腐。"要吃热豆腐，你必须有等到可以吃的耐心。耐心是成功的敲门砖，人生的路上，无论是生活还是投资，都需要有足够的耐心。耐心是一株很苦的植物，却能结出十分甜美的果实。只有耐心与坚持，你才能最终听得到财富的声音。

在《易经》当中的需卦对于耐心解释得非常清楚：循环变化是《易经》的核心思想，成住坏空，一切无时无刻不在变化，需卦是最集中体现这个思想的卦。需卦意指要有耐心，要学会等待时机。当时机没有来临的时候，就要学会锻炼自己的内心强大，耐住性子，忍他人所不能忍，等风来。

之所以要等待时机，是因为很多时候，现有阶段对自己很不利。在一个十年的周期当中，真正对我们有利的只有两年，其他八年时间可以说都是不利的。这时与其折腾，不如等待，要知道等待本身也是行动。说到底，别拼命，留得青山在，不怕没柴烧。

著名投资人霍华德·马克斯写过一本名著《周期》，讲的就是这个原理。周期现象在生活中无处不在，只是由于过于潜移默化，很多普通人感觉不到。周期原理最明显的应用是在投资领域。

马克·吐温有句名言：历史不会重演细节，但过程会极其相似。说的就是周期原理。

美国投资家查理·芒格说过：你需要的不是大量的行动，而是大量的耐心。

芒格曾经分享过他自己的一个故事：

《巴伦周刊》是本财经杂志，芒格读了整整50年。在这50年的时间内，芒格只找到了一个投资的机会，但是仅靠这个机会，芒格在几乎没有任何风险的情况下（无风险套利），获得了8000万美元的收益。

芒格说如果没有一个好机会，他宁愿等待，而不是贸然出击。芒格的人生并非年少得志，在35岁遇到巴菲特之前，只不过是一个在地方上小有成绩的普通律师而已。即使巴菲特多次鼓励芒格进行投资，芒格也足足等了6年，在自己积累了一定的启动资金后，才脱离律师这个行业。查理·芒格说："聪明的人一生都在耐心等待，让时间慢慢流逝，并体会其中的妙处，而绝大多数的人，只不过是在瞎忙活。"

的确，人生中重要的机会并不多，也不用多，耐心等待它的到来，有一两次就足以让人成功 。

当我们拥有东方古典哲学智慧的时候，我就知道老子的“无为”是告诉我们要耐心等待机会，没有机会切不可以行动，就是王阳明所说的“此心不动，随机而动”。我们一定要做到“股随心转”才是投资，一个真正能够在投资市场上把《禅易投资法》应用完美的并不是很多，但是，它确实存在，当我们拥有禅易投资法，我们的投资之路就会无限光明，因为我们能够看到未来的辉煌。

从我们的心念开始，到阴阳投资法、四象投资法、八卦投资法、趋势投资法、价值投资法，再到把握投资企业的生命周期以及去投资真正能够实现产业升级的独角兽企业，那么，我们的投资必定是成功的。

要想能够贯彻下去我们的投资方法，也离不开禅道投资心法，从金融到法融，从阳明心学的知行合一到止学的智慧，从禅宗心法到财富秘密，我们实现了“天人合一”的转变，让投资的喜悦在我们心里流淌。

唐伟元

2021 年 9 月 9 日